À NOUS
LES BONNES SOUPES

Martine Jolly

À NOUS LES BONNES SOUPES

Albin Michel

22, rue Huyghens, 75014 Paris

ISBN : 2-226-06794-9

SOMMAIRE

INTRODUCTION

Un dimanche comme un autre... le calme, un peu de flânerie, beaucoup de travail et, pour nous deux, la question du dîner léger que nous aimons ces soirs-là.

Bizarre, me voilà avec des idées certaines de soupe, oui, une bonne petite soupe de légumes, cela peut être fameusement agréable... Je me sens d'un coup très gourmande.

Quelques jours plus tard, au restaurant, j'avise sur la carte l'énoncé d'un potage apparemment sublime qui me fait saliver. Le lendemain, conférence au sommet avec mon préféré pour savoir quoi donner aux enfants qui viennent dîner dimanche prochain et, comme par hasard, je m'entends proposer un grand potage qui serait chic et tout. Il faut se rendre à l'évidence, je suis en « envie de soupes ».

De là à sortir ma propre panoplie, de là à en chercher d'autres, de là à les essayer et à les transcrire, de là à vous les faire partager, il n'y avait qu'un pas à faire que j'ai très vite franchi.

Voici donc des soupes françaises bourgeoises et régionales bien classiques, voici des soupes étrangères, voici enfin les créations des grands chefs d'hier et d'aujourd'hui.

Cette liste bien sûr n'est pas exhaustive. Je n'allais pas vous proposer un dictionnaire gros comme une bible de tout ce qu'on peut mettre dans une soupière. Il n'est pas non plus dans mes habitudes de vous suggérer ce qui ne me plairait pas du tout, à moi, dans mon assiette. À ce propos vous sentirez sûrement que je n'ai pas non plus une folie furieuse pour tout ce qui est pain trempé, très spécifique souvent des soupes régionales, mais à chacun son goût et le droit de faire à son idée. Enfin, il faut, à mes yeux, qu'une recette ait un certain nombre de vertus : gourmande certes, mais faisable agréablement par les unes et par les autres, surtout pas trop compliquée ni trop coûteuse.

Outre ces recettes, il m'a semblé indispensable d'expliquer qu'un bouillon n'est pas un consommé, qu'une soupe familiale aux forts relents d'enfance n'est pas une crème qui, elle-même, n'est pas non plus un velouté. Ceux-là et celles-ci étant l'objet de préparations différentes donnant à chacun et à chacune sa spécificité propre.

Cela dit, je n'ai plus qu'un souhait à me faire, à vous faire : à nous les bonnes soupes...

Martine JOLLY

I

Bouillons et consommés, arômes et garnitures

LES BOUILLONS

Ce sont des liquides parfumés obtenus par ébullition prolongée lente et régulière de viandes, de volailles, de légumes et d'ingrédients aromatiques. C'est ce qu'Escoffier appelle joliment les potages clairs, à l'opposé des potages dits liés. De son temps il était d'usage dans le cas d'un grand repas avec je ne sais combien de plats de servir en début un potage clair puis un potage lié. Nous n'en sommes plus là et nous nous contentons pour notre part de servir du bouillon avec les viandes et les légumes qui continuent le repas, et dont le pot-au-feu est l'exemple type.

★

Usages de ces bouillons : *Le point de départ des consommés (p. 17); le mouillement de viandes mijotées; le mouillement éventuel de potages de légumes; bien réduits, la base de nombreuses sauces.*

BOUILLON DE BŒUF

Il est préférable de le faire la veille pour pouvoir le dégraisser convenablement.

Proportions pour 6 personnes

800 g de macreuse ou de gîte, 900 g de plat-de-côte, 4 à 5 carottes, 3 à 4 navets, 5 à 6 poireaux, 1 gros oignon, 1 branche de céleri, 2 belles branches de persil, 1 brindille de thym, 1 feuille de laurier, 2 gousses d'ail, 3 clous de girofle, 2 à 3 pincées de « quatre-épices » (en flacon dans le commerce), sel, poivre, 4 l d'eau.

Préparation : 20 à 25 mn   Cuisson : 5 heures

Dans un faitout placer les viandes et les recouvrir largement d'eau. Porter à ébullition à feu moyen ce qui doit prendre à peu près 30 mn. Écumer régulièrement. Pendant ce temps, éplucher l'oignon, le piquer de clous de girofle. Préparer le bouquet garni en ficelant ensemble le thym, le laurier, le persil, le céleri. Éplucher les carottes et les navets, les couper en 2-3 morceaux. Supprimer le vert foncé des poireaux.

L'eau étant arrivée à ébullition, finir d'écumer convenablement et ajouter toute la garniture aromatique ainsi que du sel, *modérément*, du poivre et les pincées de quatre-épices.

Régler le feu pour assurer ensuite une petite ébullition continue en laissant le faitout découvert aux trois quarts pendant 4 h 30 environ.

Au terme de la cuisson, sortir les viandes et les légumes à l'aide d'une écumoire. Transvaser le bouillon, à travers une passoire recouverte d'une toile à beurre, dans un saladier. Le mettre au réfrigérateur pour faire monter la graisse qui va se figer.

Le lendemain retirer toute la graisse à l'aide d'une spatule.

En cet état le bouillon se conserve 3 à 4 jours au réfrigérateur, beaucoup plus longtemps au congélateur. Dans ce dernier cas il est mieux de le répartir dans plusieurs petits bocaux pour en employer seulement la quantité qui sera nécessaire pour une recette.

Si on veut l'employer tout de suite en potage, le verser dans une casserole, le porter à ébullition, le goûter. S'il ne semble pas assez corsé, le faire réduire un moment à petit feu pour rehausser le goût et rectifier l'assaisonnement en sel et en poivre.

Remarque : *Ainsi cuit et fait la veille le pot-au-feu est essentiellement utilisé pour son bouillon, les viandes et les légumes étant beaucoup trop cuits. Si on veut faire un repas de pot-au-feu, avec le bouillon d'abord et les viandes et légumes ensuite, il est nécessaire de réduire la cuisson de 1 heure et de mettre les carottes et les navets seulement 45 mn avant la fin de la cuisson et les poireaux seulement 10 mn. Les viandes et les légumes seront présentés sur un plat et tenus au chaud dans le four tiède. Le bouillon sera transvasé dans la soupière à travers une passoire et on le dégraissera à l'aide d'une cuillère passée à la surface.*

BOUILLON DE GIBIER

Rarement employé de nos jours, il se fait comme le bouillon de bœuf en remplaçant la viande de bœuf par du lièvre, du lapin de garenne, 1 vieux faisan, au choix.

BOUILLON DE LÉGUMES

Les légumes utilisés pour la préparation de ce bouillon ne sont pas servis. Ils sont volontairement employés en assez grande quantité et trop cuits pour donner toute leur saveur à l'eau dans laquelle ils auront mijoté.

Proportions pour 4 personnes

5 à 6 carottes, 4 beaux navets, 4 poireaux entiers (vert et blanc), 2 belles branches de céleri, 2 branches de persil, 2 branches de cerfeuil, sel, poivre, 2 l d'eau.

Préparation : 20 mn **Cuisson : 1 h 30**

Éplucher, laver et couper tous les légumes en petits morceaux. Laisser les branches de persil et de cerfeuil entières après les avoir bien lavées.

Mettre le tout dans une grande casserole. Recouvrir d'eau froide. Saler très modérément. Faire partir à ébullition. Laisser ensuite mijoter doucement à découvert de manière à faire réduire de moitié.

Passer le bouillon au chinois.

Avant de consommer, vérifier l'assaisonnement, resaler éventuellement, poivrer légèrement.

On pourra au goût le consommer tel quel ou y ajouter, pour un bol, au dernier moment, une petite noix de beurre.

Conservation : quelques jours au réfrigérateur.

Utilisations : *Épatant quand on est un peu patraque ! Encore plus épatant à boire toute la journée quand on se bagarre avec un méchant kilo de trop ! La base de sauces ; la base d'un autre potage.*

BOUILLON DE POISSONS

Il fait généralement partie inhérente d'une soupe de poissons et ses ingrédients varient selon la recette. Sa préparation sera donc indiquée dans le déroulement de la confection de la soupe.

BOUILLON DE VOLAILLE

Proportions pour 4 à 5 personnes

1 poule de 1,300 à 1,500 kg, quelques abattis : cou, ailerons, pattes, 3 à 4 carottes, 2 à 3 navets, 4 à 5 poireaux, 100 g d'oignons, 2 gousses d'ail, 1 petite tige de céleri, 1 branche de thym, 1 feuille de laurier, sel, poivre, eau.

Préparation : 30 mn Cuisson : 2 h 30 à 3 heures

Faire préparer une vieille poule par le volailler. Dans un grand faitout, mettre la poule et tous les abattis, recouvrir largement d'eau et, à feu moyen, porter à ébullition.

Pendant ce temps, éplucher et préparer les légumes en tronçonnant les carottes et les navets et en supprimant le vert foncé des poireaux. Ficeler le petit bouquet garni de thym, laurier et céleri.

À ébullition de l'eau, écumer très soigneusement. Saler *modérément* et régler une petite ébullition en laissant le faitout à découvert pendant 2 h 30 à 3 heures environ. 45 mn avant la fin de la cuisson ajouter tous les légumes.

Au bout de ce temps, retirer la volaille, les abattis et les légumes à l'aide d'une écumoire. Transvaser le bouillon dans un saladier à travers une passoire tendue d'une étamine. Le mettre au réfrigérateur et laisser la graisse se figer et monter à la surface, la retirer soigneusement.

En cet état le bouillon se conserve 3 à 4 jours au réfrigérateur. Transvasé dans des petits bocaux, on peut le garder beaucoup plus longtemps au congélateur.

Utilisations : *Un bouillon de cuisson pour une autre volaille ou des légumes ; un liquide de mouillement pour des plats mijotés ; réduit, clarifié, il devient un consommé (p. 20) ; réduit donc corsé, une excellente base de sauces ou de veloutés (p. 79).*

LES CONSOMMÉS

Le consommé est l'expression la plus élaborée du bouillon dans la mesure où ce dernier, réduit, enrichi et clarifié, se corse en goût et en couleur, devient limpide et, froid ou chaud, avec ou sans garniture, se prête à toutes sortes de présentations familiales ou raffinées à servir en début de repas.

CONSOMMÉ DE BŒUF CHAUD

Proportions pour 4 personnes

2 l 1/4 de bouillon de bœuf (p. 12), 300 g de viande de bœuf hachée, bien maigre, 1 carotte et 1 poireau, 2 blancs d'œufs, sel, poivre.

Préparation : 10 mn Cuisson : 1 heure

Préparer la carotte et le poireau en tout petits dés. Mélanger dans un saladier la viande, les légumes, les blancs d'œufs. Délayer le tout en versant dessus le bouillon de bœuf parfaitement dégraissé.

Verser dans une casserole et à petit feu, porter à ébullition en tournant sans cesse. À ébullition et toujours à petit feu laisser monter à la surface tous les éléments solides qui se forment en croûte, laisser mijoter pendant 45 mn à découvert pour que le bouillon réduise de moitié et se clarifie.

Au bout de ce temps, supprimer la plus grande partie de la croûte à l'aide d'une écumoire et transvaser le consommé dans une autre casserole à travers une passoire tendue de toile à beurre ou d'un fin torchon.

Il est devenu absolument limpide, d'une belle couleur et de haut goût. Vérifier l'assaisonnement en sel et en poivre.

Il peut être servi tel quel dans des bols à bouillon ou des assiettes creuses. Il peut aussi être parfumé à toutes sortes d'arômes tels que ceux de légumes fort en goût comme le céleri, ou la tomate, ou de l'estragon, ou de champignons comme le cèpe, la morille, la truffe, de vins comme le xérès, le madère, le porto (p. 22) ou enrichi de petites garnitures (p. 23).

CONSOMMÉ DE BŒUF EN GELÉE

Proportions pour 4 personnes

2 l de bouillon de bœuf (p. 12), 1/2 pied de veau, 200 g de steak haché, 2 blancs d'œufs, sel, poivre.

Préparation : 5 mn Cuisson : 1 bonne heure

Mettre dans une casserole 2 l de bouillon de bœuf bien dégraissé, ajouter le demi-pied de veau coupé en 2-3 morceaux. Porter à ébullition et laisser réduire de moitié à petit feu. Le laisser tiédir. Le passer à travers une étamine. Dans un saladier, mélanger la viande hachée et les blancs d'œufs, délayer avec le bouillon presque froid. Remettre sur le feu pendant 20 à 25 mn et procéder à la clarification comme il est dit dans le consommé chaud.

Le passer à travers une passoire tendue de toile à beurre ou d'un fin torchon, vérifier l'assaisonnement en sel et en poivre. Le parfumer à l'arôme que l'on désire (p. 22), le répartir dans des tasses ou des bols à bouillon et le faire prendre en gelée au réfrigérateur ce qui prend plusieurs heures.

La réussite du consommé en gelée dépend de sa consistance. Il ne doit être ni trop liquide, ni trop pris. La gelée se doit d'être légère, à peine prise, juste tremblotante. Il n'est pas toujours facile de prévoir le temps exact pour avoir cette gelée-là. C'est pour cela qu'il est plus sûr de faire le consommé la veille pour le lendemain et de sortir la gelée du réfrigérateur un peu avant le dîner, de façon qu'en se réchauffant à la température ambiante, elle prenne la consistance voulue, ce qui se fait assez rapidement. À vous, à partir de ce moment, de la surveiller de près quitte à la remettre au froid si elle temblote trop vite et de ne pas trop faire traîner le verre avant le dîner... car si elle se liquéfie totalement, elle ne se requinquera pas au congélateur, qui ne lui convient pas, et vous n'aurez plus qu'à présenter un bouillon froid à consistance un peu gélatineuse tout à fait désagréable.

CONSOMMÉ DE GIBIER

De même que le bouillon de gibier (p. 13), le consommé n'est plus très employé dans la cuisine actuelle. Néanmoins, si pour vous le gibier est d'un usage fréquent et facile, le consommé de gibier se fait comme le consommé de bœuf à partir de bouillon de gibier et on procède exactement de la même manière et selon les mêmes proportions en remplaçant la viande hachée de bœuf par de la viande maigre du même gibier que celui ayant servi pour le bouillon et en y ajoutant si on le peut une carcasse de gibier rôti concassée (faisan, perdreau).

La garniture aromatique et la clarification seront composées de 1 poireau détaillé finement, de 3 ou 4 baies de genièvre écrasées, d'un brin de sauge, d'un brin de romarin, de 50 g de champignons secs, de 2 blancs d'œufs.

Après réduction et clarification, le consommé sera soigneusement passé dans une passoire tendue d'un fin torchon.

Usages : *Base de potages; base de sauces; liquide de mouillement d'un ragoût de gibier.*

CONSOMMÉ DE VOLAILLE

Proportions pour 4 personnes

2 l de bouillon de volaille (p. 14), 250 g de viande de bœuf hachée, 4 à 6 abattis de volaille hachés (cou et ailerons), des os de carcasse de volaille rôtie concassée, 1 tasse à thé de persil et de cerfeuil haché, 1 morceau de céleri en branche grand comme un doigt, 2 blancs d'œufs.

Préparation : 10 mn **Cuisson : 1 heure**

Mélanger dans un saladier tous les éléments comme pour le consommé de bœuf (p. 18), les délayer avec le bouillon de volaille et procéder de la même manière que pour le consommé de bœuf. Le passer ensuite à travers une passoire tendue de toile à beurre ou d'un fin torchon.

Vérifier l'assaisonnement en sel et en poivre.

Usages : *Le consommé de volaille moins corsé que le consommé de bœuf demande à être bien relevé et réduit quand il est servi tel quel. Il est en revanche couramment employé pour faire des veloutés ou constituer le liquide parfumé de certains potages aux légumes.*

ASSAISONNEMENTS AROMATIQUES DES CONSOMMÉS

Ils sont prévus pour donner au consommé servi en tasse chaud ou froid une saveur particulière qui doit bien apparaître mais ne pas dominer exagérément.

AU CÉLERI

Ajouter à la garniture aromatique une branche de céleri de 100 g environ pour 1 l de consommé et procéder à la réduction et à la clarification.

À L'ESTRAGON

Faire de même en mettant une branche d'estragon par litre de consommé.

AU JUS DE TRUFFES

Ce jus se trouve en boîte dans le commerce. En parfumer le consommé une fois terminé en y versant un peu au goût, environ une cuillère à soupe de jus de truffes par litre de consommé.

EN GELÉE AUX VINS

Après réduction et clarification le consommé peut être rehaussé soit par du xérès, soit par du madère, soit par du porto, en y versant, un peu au goût, environ 8 cl de vin par litre de consommé. Verser petit à petit et goûter pour arriver à la saveur voulue en n'oubliant pas que ce doit être un peu trop fort tant que c'est chaud car le parfum s'affadit quand le consommé se prend en gelée.

LES GARNITURES DES CONSOMMÉS

Servi en tasse ou en assiette mais enrichi d'éléments divers, le consommé fait office en ce cas d'entrée légère. Selon les garnitures choisies il aura le caractère d'une soupe familiale ou d'un potage raffiné et délicat.

DE LÉGUMES

AU CÉLERI ET AU PERSIL PLAT

Proportions pour 4 personnes

1 l de consommé de bœuf (p. 18), 6 cuillerées à soupe de céleri-rave râpé*, 30 g de beurre, feuilles de persil plat, sel, poivre.

Préparation : 5 mn Cuisson : 5 mn

Hacher grossièrement la valeur de 4 cuillerées à soupe de feuilles de persil plat sur un bouquet, les réserver.

Porter à ébullition le consommé.

Faire chauffer fortement une poêle antiadhésive, ajouter le beurre et la fine julienne de céleri salée et poivrée. Très rapidement la tourner en tous sens environ 5 mn pour la saisir et la sécher.

La répartir dans des assiettes creuses et chaudes, verser le consommé bouillant et répartir du persil plat dans chaque assiette.

AU CÉLERI ET AUX TRUFFES

Proportions pour 4 personnes

1 l de consommé de volaille bien corsé (p. 20), 150 g de céleri-rave, 1 truffe moyenne ou 1 petite boîte de morceaux de truffes.

Préparation : 10 à 15 mn Cuisson : 6 à 7 mn

Porter à ébullition le consommé.

Pendant ce temps éplucher le morceau de céleri, le détailler en bâtonnets de 3 à 4 mn de section. Ouvrir la boîte de truffes, verser le jus

* On en trouve tout prêt, en sachet.

dans le consommé et si la truffe est entière la couper en fine julienne. Réserver.

6 à 7 mn avant de servir, plonger les bâtonnets de céleri dans le consommé pour les cuire ; 3 mn avant de servir ajouter la julienne ou les morceaux de truffe. Rectifier l'assaisonnement en sel et en poivre.

Répartir dans des bols à bouillon ou des assiettes creuses chaudes.

AUX CHAMPIGNONS DE PARIS ET AU CERFEUIL

Proportions pour 4 personnes

1 l de consommé de volaille (p. 20) ou de gibier (p. 19), 6 têtes de champignons de Paris moyennes, pluches de cerfeuil hachées.

Préparation : 15 mn

Hacher grossièrement la valeur de 4 cuillerées à soupe de pluches de cerfeuil sur un bouquet. Supprimer les pieds des champignons, et peler délicatement les têtes.

Porter le consommé à ébullition.

Au dernier moment émincer les champignons en fine julienne, et les répartir dans 4 assiettes creuses chaudes. Verser le consommé bouillant sur la julienne de champignons. Ajouter le cerfeuil haché.

AUX CŒURS DE CÉLERI ET AUX TOMATES

Proportions pour 4 personnes

1 l de consommé de bœuf bien parfumé au céleri (p. 18), 3 petits cœurs de céleri bien blanc, 2 tomates moyennes. *Facultatif* : pluches de cerfeuil.

Préparation : 15 mn   Cuisson : 1 mn

Préparer les tomates en les pelant et détaillant comme il est dit ci-dessous ; les faire attendre dans une passoire. Sur des pieds de céleri, prélever les petits cœurs bien tendres et bien blancs (le reste du céleri sera réservé pour un usage ultérieur), les détailler en fines rondelles et les détacher du bout des doigts.

Porter le consommé à ébullition, y jeter les rondelles de céleri et les dés de tomates. Laisser 1 mn pour chauffer le tout.

Verser ensuite et répartir convenablement le potage dans des assiettes creuses. Terminer si on le souhaite par quelques pluches de cerfeuil.

AUX DÉS DE TOMATES ET AUX PETITS POIS

Proportions pour 4 personnes

1 l de consommé de bœuf (p. 18), 2 à 3 tomates moyennes, 4 bonnes cuillerées à soupe de petits pois fins frais ou surgelés, sel, 1 pointe de poivre de Cayenne.

Préparation : 10 à 15 mn Cuisson : 3 mn

Plonger les tomates 30 secondes dans l'eau bouillante, retirer la peau, les ouvrir en deux, supprimer les graines et toute l'eau de végétation. Couper la chair des tomates en petits dés, les mettre dans une passoire pour laisser s'écouler le jus restant.

Faire chauffer le consommé dans une casserole. À ébullition, jeter les petits pois et les laisser cuire juste 3 mn.

Pendant ce temps répartir les dés de tomates dans des assiettes creuses chaudes, y verser ensuite le consommé et les petits pois.

AUX POINTES D'ASPERGES

Proportions pour 4 personnes

1 l de consommé de volaille (p. 20), 5 à 7 têtes d'asperges fraîches moyennes par personne [le reste des asperges sera avantageusement utilisé pour faire un potage (p. 81)], pluches de cerfeuil.

Préparation : 20 à 25 mn Cuisson : 6 à 8 mn (asperges)

Couper l'extrémité dure de chaque asperge, les gratter convenablement avec le couteau économe, les couper de façon à avoir des têtes de 5 à 6 cm de longueur. Ranger les tronçons restants dans une boîte pour un usage ultérieur et cuire les têtes à l'eau bouillante salée pendant 5 à 8 mn selon leur grosseur et leur tendreté. Elles doivent être fermes. Au terme de leur cuisson les prendre à l'écumoire et les mettre à sécher sur un linge.

Prélever quelques jolies pluches de cerfeuil sur un bouquet, les réserver.

Faire chauffer le consommé, vérifier son assaisonnement en sel et en poivre. Répartir les têtes d'asperges dans des assiettes creuses chaudes. Verser le consommé et parsemer chaque assiette de 3 ou 4 pluches de cerfeuil, juste avant de servir.

AUX POIVRONS ROUGES, AU RIZ ET AU BASILIC

Proportions pour 4 personnes

1 l de consommé de bœuf (p. 18), 1 beau poivron rouge, 1 tasse à café de riz à grains longs, 12 feuilles de basilic frais.

Préparation : 10 à 12 mn Cuisson : 10 à 15 mn (poivrons) + 20 mn (riz)

Faire cuire le riz à grande eau bouillante salée pendant 20 mn, le passer sous l'eau froide dans une passoire pour bien détacher les grains les uns des autres.

Faire cuire le poivron rouge à la vapeur pendant 15 mn à peu près. L'ouvrir en deux, retirer les graines et les petites fibres, supprimer la peau et le couper en languettes de 2 cm de large sur 3 cm de long. Détacher les feuilles de basilic de leurs branches.

Porter le consommé à ébullition. Vérifier l'assaisonnement en sel et en poivre.

Faire chauffer les assiettes, y répartir languettes de poivron et grains de riz, verser le consommé bouillant, terminer en parsemant les assiettes de 3 feuilles de basilic.

DE LÉGUMES ET DE VIANDES

AUX AIGUILLETTES DE CANARD ET AUX PETITES FÈVES FRAÎCHES

Proportions pour 4 personnes

1 l de consommé de volaille bien concentré (p. 20), 4 grandes cuillerées à soupe de petite fèves écossées, 1/2 magret de canard, sel, poivre, un peu de beurre, 1 ou 2 feuilles de coriandre fraîche par personne.

Préparation : 25 à 30 mn **Cuisson : 3 à 4 mn**

Écosser des fèves pour en obtenir la quantité désirée. Les plonger 1 mn dans l'eau bouillante, les égoutter et retirer la petite peau dure.

Prélever les feuilles de coriandre sur l'extrémité d'un bouquet.

Supprimer la grosse peau grasse de la moitié d'un magret. Détailler la chair en bâtonnets de 1/2 cm de section, de 5 à 6 cm de longueur, les saler, les poivrer.

Graisser une poêle antiadhésive avec un peu de beurre et la faire chauffer à feu très vif. Dès qu'elle fume, y jeter les bâtonnets de canard et les saisir très vite en les tournant en tous sens pendant 30 à 60 s, les prendre avec l'écumoire et les réserver sur une assiette.

Porter le consommé à ébullition. Rectifier l'assaisonnement en sel et en poivre. Dès qu'il bout, y jeter les fèves et les cuire pendant 3 à 4 mn. Avant la fin de leur cuisson ajouter les bâtonnets de canard juste pour les réchauffer pendant 30 s.

Répartir le consommé et sa garniture dans des assiettes creuses et servir.

AU BLANC DE VOLAILLE ET À LA JULIENNE DE TRUFFES

Proportions pour 4 personnes

1 l de consommé de volaille (p. 20) bien corsé, 1 beau blanc de poulet cuit, 2 petites truffes fraîches ou en conserve, 1 bonne cuillerée à soupe de jus de truffe (dans le commerce), sel, un peu de poivre de Cayenne.

Préparation : 10 à 15 mn Cuisson : 2 mn

Éventuellement retirer la peau du poulet, le détailler en julienne. Détailler aussi les truffes en très fine julienne.

Porter le consommé à ébullition, y ajouter le jus de truffe. 2 mn avant de servir ajouter les deux juliennes. Relever d'une petite pointe de Cayenne.

Répartir ensuite le consommé et sa garniture dans des bols à bouillon chauds ou des tasses ordinaires.

AUX CHIPOLATAS, AU PERSIL ET AUX PETITS CROÛTONS

Proportions pour 4 personnes

1 l 1/4 de consommé de bœuf (p. 18), 12 mini-chipolatas, persil frisé, 3 tranches de pain de mie, 60 g de beurre demi-sel, sel, poivre.

Préparation : 30 mn Cuisson : 5 à 6 mn (chipolatas) + 5 mn (croûtons)

Porter à ébullition 1/4 de l de consommé de bœuf.

Piquer les mini-chipolatas de coups d'épingles, les mettre à pocher dans le consommé frémissant pendant 5 à 6 minutes.

Pendant ce temps, hacher finement des feuilles de persil frisé, (1/2 tasse à thé), les réserver.

Faire des croûtons poêlés (p. 37) avec le pain de mie et le mettre sur du papier absorbant puis sur une assiette de service.

Supprimer la peau des mini-chipolatas et porter le litre restant de consommé à ébullition, rectifier l'assaisonnement en sel, bien le poivrer.

Au moment de servir, y ajouter le persil frisé et les petites saucisses pour les réchauffer quelques instants. Répartir dans des assiettes creuses chaudes et accompagner de l'assiette de petits croûtons dont chacun se servira à son gré.

À L'EFFILOCHÉ DE BŒUF, AUX ŒUFS DE CAILLE ET AUX PETITS CROÛTONS

Proportions pour 4 personnes

1 l de consommé de bœuf bien concentré (p. 18), 200 g de bœuf bouilli maigre, 8 œufs de caille, ciboulette, 3 tranches de pain de mie, 60 g de beurre, sel, poivre de Cayenne.

Préparation : 25 à 30 mn **Cuisson : 1 mn environ (œufs)**

À l'aide des doigts et d'un petit couteau effilocher le morceau de bœuf de pot-au-feu en suivant le sens des fibres, réserver.

Faire des petits croûtons poêlés (p. 37) avec le beurre et le pain de mie. Tronçonner la ciboulette en petits morceaux de 1/2 cm à l'aide de petits ciseaux (4 cuillerées à soupe).

Prendre 2 assiettes et casser délicatement dans chacune 4 œufs de caille. Porter à ébullition une casserole d'eau bien salée.

Faire pocher les œufs de caille pendant 1 mn ou un peu plus en les faisant glisser doucement dans l'eau frémissante, une assiette après l'autre, les retirer à l'aide de l'écumoire et les poser sur un torchon. Les séparer en les découpant à l'aide d'un petit couteau.

Porter le consommé à ébullition et faire chauffer des assiettes creuses ; y répartir l'effiloché de bœuf, le parsemer de ciboulette hachée, déposer 2 œufs de caille pochés au centre. Terminer les assiettes en versant également le consommé autour des œufs et servir accompagné des croûtons poêlés dont chacun se servira à son goût.

AUX PETITES MORILLES ET À LA JULIENNE DE VOLAILLE

Proportions pour 4 personnes

1 l de consommé de bœuf (p. 18), 12 petites morilles fraîches, 30 g de beurre, 1 blanc de volaille cuit, pluches de cerfeuil. *Facultatif* : 16 petits choux à la mousse de foie gras (p. 41).

Préparation : 30 mn Cuisson : 10 mn (morilles)

Couper l'extrémité terreuse des morilles. Plonger les champignons dans l'eau tiède et les laisser tremper pendant quelques minutes pour que le plus gros du sable s'en aille. Prendre les morilles du bout des doigts et les déposer dans une autre bassine d'eau fraîche. Les prendre ensuite une par une et finir le nettoyage sous l'eau courante pour bien vider les alvéoles du sable restant.

Dans une sauteuse à feu doux, mettre le beurre, ajouter les morilles et à couvert les faire étuver en douceur pendant 10 mn en les tournant de temps en temps.

Pendant ce temps, détailler le blanc de volaille en fins bâtonnets pour avoir une julienne et prélever des pluches de cerfeuil sur les extrémités d'un bouquet.

Porter le consommé à ébullition et faire chauffer des assiettes creuses.

Au moment de servir, répartir les morilles et la julienne de poulet dans les assiettes. Terminer en versant le consommé et en décorant avec les pluches de cerfeuil.

Si on le souhaite, joindre à ce consommé élégant des petits choux à la mousse de foie gras présentés à part sur un petit plat de service.

AUTRES COMPLÉMENTS DES CONSOMMÉS

Pas de même nature que les garnitures précédentes, ils peuvent à la fois s'y ajouter ou se suffire à eux-mêmes selon que l'on a envie ou non d'enrichir un peu plus le consommé. Pour la plupart, il est habituel de les servir à part sur une assiette où chacun puise selon ses désirs.

LES PETITES PÂTES

C'est familial, c'est nourrissant. On peut se contenter d'elles toutes seules, mais on peut aussi compléter une autre garniture de légumes par exemple avec des petites pâtes, histoire de rendre le consommé un peu plus consistant.

Proportions pour 4 personnes

1 l de consommé, 4 bonnes cuillerées à soupe de petites pâtes ou un peu plus : au choix, vermicelle, petits dés, alphabet, mini-coquillettes.

Il suffit de les jeter dans le liquide bouillant au dernier moment en tournant pour qu'elles ne collent pas et de les faire cuire selon le temps de cuisson indiqué sur le paquet.

LES PERLES DU JAPON

Très aimées de nos arrière-grands-parents, elles étaient tombées un peu dans l'oubli mais heureusement, grâce à quelques grands chefs qui les ont employées, on les trouve maintenant assez facilement.

C'est agréable et charmant à mettre dans un consommé à condition de ne point trop en pousser la cuisson. Comme les petites pâtes, elles peuvent s'ajouter à une simple garniture de légumes.

Proportions pour 4 personnes

1 l de consommé, 200 g de perles du Japon.

Cuisson : 15 mn environ

Les jeter en pluie dans le consommé en ébullition. Remuer avec la cuillère, cuire 15 mn environ avant de servir le potage.

LES CRÊPES

À faire si on a un petit reste de crêpes salées non utilisées des jours précédents.

Proportions pour 4 personnes

1 l de consommé de bœuf (p. 18),
2 à 3 crêpes selon leur taille,
1/2 tasse à thé de persil plat haché,
1 pointe de poivre de Cayenne.

Préparation : 15 mn **Cuisson : 2-3 mn**

Hacher grossièrement les feuilles de persil lavées et séchées. Rouler bien serré les crêpes. Avec un petit couteau les détailler en très fines rondelles. Du bout des doigts dérouler les rondelles en rubans. Éventuellement couper les plus longs en deux.

Jeter les rubans de crêpe et le persil juste avant de servir pour les réchauffer dans le consommé bouillant et bien relevé.

LES CROÛTONS

Ils seront servis à part sur un petit plat de service et chacun s'en servira à son gré pour soit les croquer en même temps que le consommé, si on aime le croustillant, soit pour les mettre dans son assiette et les tremper de bouillon. C'est une question de goût.

CROÛTES DE FICELLE AU FROMAGE

Proportions pour 4 personnes

1 ficelle ; pour la *Béchamel* : 1 cuillerée à soupe rase de farine, 30 g de beurre, un verre de lait, 75 g de gruyère râpé, sel, poivre de Cayenne, 1 pointe de muscade.

Préparation : 15 à 20 mn **Cuisson : 10 à 15 mn**

Mettre le four en position gril. Ouvrir la ficelle en deux, retirer soigneusement la mie. Détailler la croûte du dessus en 12 à 16 morceaux de 4 à 5 cm de longueur. Les passer rapidement sous le gril en présentant la face ouverte pour qu'elle dore légèrement. Les retirer du four et les laisser alignés sur la plaque. Laisser le gril allumé.

Préparer la Béchamel au fromage : dans une petite casserole, faire fondre le beurre, ajouter la farine et en tournant cuire jusqu'à la couleur jaune pâle, mouiller avec le lait froid et cuire en tournant jusqu'à épaississement, laisser bouillonner quelques minutes pour que la sauce soit bien épaisse. Retirer du feu, saler, poivrer et parfumer d'une pointe de muscade. Verser le gruyère râpé et bien le mélanger pour le faire fondre.

À l'aide d'une cuillère garnir en formant un petit dôme tous les petits morceaux de ficelle avec cette Béchamel.

Mettre la plaque sous le gril et faire gratiner rapidement ces petits croûtons. Les disposer ensuite sur un plat et les servir à part avec un consommé de bœuf bien chaud et bien relevé.

PETITS CROÛTONS POÊLÉS

Proportions pour 4 personnes

4 à 5 tranches de pain de mie larges et sans croûte, 50 à 60 g de beurre.

Préparation : 5 mn Cuisson : 5 à 6 mn

Supprimer la croûte des tranches de pain de mie, les détailler en petits dés réguliers de 2 à 3 cm de côté.

Dans une poêle à feu moyen mettre le beurre à blondir convenablement et jeter les petits dés de pain. En les retournant avec une fourchette les faire dorer régulièrement sur toutes leurs faces. L'opération doit être menée rondement. À l'aide d'une écumoire, les poser sur du papier absorbant et les saler légèrement. Dès qu'ils sont bien secs, les présenter sur un petit plat à température ambiante.

RONDELLES DE BAGUETTE GRILLÉES

On coupe la baguette en rondelles de 1/2 cm d'épaisseur et on les fait simplement toaster des deux côtés sous le gril du four.

On en compte selon appétit de 4 à 6 par personne, elles peuvent alors accompagner toutes sortes de soupes et de consommés. C'est très précisément celles que par exemple on tartine de rouille pour être dégustées avec la bouillabaisse (p. 94) ou la soupe de poissons à la provençale (p. 107).

RONDELLES DE BAGUETTE AU FOUR

Proportions pour 4 personnes

16 à 24 rondelles de baguette un peu rassie, 70 g de beurre demi-sel ramolli.

Préparation : 10 mn Cuisson : 10 mn environ

Allumer le four à température chaude. À l'aide d'un couteau à bout rond tartiner légèrement les rondelles de beurre sur les deux côtés.

Les aligner sur une plaque et les mettre à dorer et sécher au four pendant 10 mn environ.

Les disposer sur un plat de service et les servir à température ambiante.

RONDELLES DE BAGUETTE AU FOUR À LA MOELLE

Elles se servent avec du consommé de bœuf (p. 18).

Proportions pour 4 personnes

12 rondelles de baguette un peu rassie, 3 à 4 beaux cordons de moelle, 50 g de beurre, persil frisé, gros sel, poivre.

Préparation : 5 mn (la veille ou le matin) + 10 mn (le jour même)
Cuisson : 10 mn (baguette) + 10 mn (moelle)

Commander à l'avance les 3 ou 4 beaux cordons de moelle chez le boucher. 12 heures avant de les utiliser les mettre à dégorger dans l'eau fraîche. Les égoutter ensuite et les détailler en 24 rondelles.

Hacher grossièrement des feuilles de persil frisé pour en avoir 3 à 4 cuillerées à café.

Allumer le four à température chaude, couper, beurrer les rondelles de pain des deux côtés, les aligner sur la plaque.

Disposer les rondelles de moelle dans une casserole, les recouvrir de 1/2 l d'eau froide salée, mettre sur le feu moyen et, dès les premiers frémissements de l'eau, retirer la casserole du feu et la laisser en attente.

Faire dorer les rondelles de baguette (p. 37), les sortir du four, ne pas l'éteindre. Disposer 2 tranches de moelle sur chaque rondelle ; placer celles-ci au fur et à mesure sur 2 assiettes en attente sur la porte du four chaud. Saupoudrer chaque rondelle de 2 à 3 grains de gros sel et d'un peu de persil haché.

Les présenter sur la table en même temps que le consommé. Chacun selon son goût les mettra dans son assiette et les couvrira de bouillon ou les dégustera à part.

RONDELLES DE BAGUETTE GRATINÉES

Proportions pour 4 personnes

16 à 24 rondelles de baguette, 70 g de beurre, 70 g de gruyère râpé.

Préparation : 15 mn Cuisson : 10 mn environ

Préchauffer le four à température chaude. Couper, beurrer, dorer les rondelles de baguette au four, comme il est dit à la recette précédente. Les laisser refroidir. Les saupoudrer de gruyère râpé et au dernier moment les passer rapidement sous le gril du four bien chaud et les servir immédiatement sur une assiette de service.

LES PETITS CHOUX

Ils doivent être comme des grosses billes et se commandent non sucrés chez le boulanger. À la maison ils sont ensuite farcis de la préparation que l'on désire.

Pour réaliser cette opération, le plus commode est évidemment la poche à douille. À défaut, on peut les ouvrir par en dessous et les fourrer à l'aide d'une toute petite cuillère à moka ou celle du service de poupée de votre fille !

À LA BÉCHAMEL AU FROMAGE

Proportions pour 4 personnes

5 à 7 petits choux par personne, Béchamel au fromage (p. 36).

Préparation : 20 à 25 mn Cuisson : 10 mn environ

Allumer le four à température tiède. À défaut de poche à douille inciser les petits choux, les aligner sur la plaque et les mettre à tiédir au four.

Faire la Béchamel au fromage, fourrer les petits choux, les laisser au fur et à mesure dans le four, les présenter à part sur un plat en même temps que le consommé bouillant.

À LA DUXELLES DE CHAMPIGNONS

Proportions pour 4 personnes

5 à 7 choux par personne. Duxelles : 200 g de champignons, 1 échalote, 1/4 de verre de vin blanc sec, 1 cuillerée à soupe de crème fraîche, 50 g de beurre, sel, poivre.

Préparation : 20 à 25 mn Cuisson : 15 à 20 mn

Éplucher et hacher menu l'échalote. Préparer les champignons en supprimant la partie terreuse des pieds et en les nettoyant soigneusement.

Dans une poêle à feu moyen, mettre le beurre à blondir, ajouter l'échalote et la faire cuire et ramollir doucement à couvert en évitant de leur faire prendre couleur pendant 7 à 8 mn.

Pendant ce temps hacher finement les champignons. Dès que les échalotes sont tendres, ajouter le hachis de champignons, saler poivrer et cuire en douceur jusqu'à ce qu'il n'y ait plus du tout d'eau de végétation, saler, poivrer, mouiller avec le vin blanc et le laisser s'évaporer complètement. Ajouter la cuillère à soupe de crème fraîche, bien mélanger le tout, rectifier éventuellement l'assaisonnement.

Allumer le four à température tiède. Inciser les petits choux ou remplir la poche à douille de duxelles. Fourrer les petits choux, les aligner sur la plaque du four et les laisser au chaud jusqu'au moment de les servir à part avec un consommé de volaille (p. 20) bien concentré et bien relevé.

À LA MOUSSE DE FOIE GRAS

Proportions pour 4 personnes

5 à 7 petits choux par personne,
1 boîte de mousse de foie gras,
un peu de poivre.

Préparation : 20 à 25 mn

Sortir la mousse de la boîte, bien retirer le gras éventuel, la malaxer à la fourchette pour la rendre plus souple et la poivrer légèrement.

Fourrer les petits choux, les disposer sur un plat et les servir à part à température ambiante en même temps qu'un consommé de bœuf bien corsé (p. 18).

Remarque : *Rien ne s'oppose à ce que l'on mélange à cette mousse un petit hachis de truffes dans les proportions que l'on souhaite !*

II

Soupes et crèmes, bisques et veloutés

LES SOUPES

Faites de légumes quelquefois étuvés, le plus souvent simplement cuits à l'eau, les soupes proposées ici sont celles qui autrefois commençaient impérativement le dîner familial.
Elles ont tous les avantages : faciles à faire, la plupart du temps à l'avance, se réchauffant au dernier moment, elles commencent de façon agréable un repas et font avaler aux uns et aux autres ces fameux légumes verts si riches en vitamines, sels minéraux et fibres qui n'ont pas toujours un succès fou autour de la table.
Au goût des uns et des autres, beaucoup de ces soupes seront servies avec leurs légumes entiers ou passés au moulin à légumes, il n'y a pas de règle. Il est habituel en revanche de les terminer en leur ajoutant au dernier moment un bon morceau de beurre extra-fin qui ne doit surtout pas cuire mais juste fondre pour garder toute sa saveur intacte.

SOUPE DE CÉLERI-RAVE

C'est la soupe à faire quand on a un bon reste de bouillon de poule, car elle n'en sera que meilleure. Elle peut se préparer à l'avance : on ajoutera le beurre au dernier moment, après qu'elle aura été réchauffée.

Proportions pour 4 personnes

1/2 l de bouillon de volaille (p. 14) ou d'eau, 400 g de céleri-rave, 3 à 4 pommes de terre moyennes type Bintje, 100 g de beurre en tout, sel, poivre.

Préparation : 10 à 15 mn Cuisson : 1 petite heure

Éplucher le céleri-rave, le tailler en lames. Éplucher les pommes de terre, les tailler en petits morceaux.

Plonger les lamelles de céleri-rave 5 à 6 mn dans une casserole d'eau bouillante salée. Les égoutter et les sécher très convenablement dans un torchon.

Dans une casserole faire fondre 30 à 40 g de beurre à feu moyen. Ajouter les lames de céleri et les faire étuver en douceur et à couvert une dizaine de minutes sans qu'elles prennent couleur. Ajouter les pommes de terre, verser le bouillon de volaille ou l'eau, porter à ébullition et faire cuire environ 30 mn jusqu'à cuisson des pommes de terre.

Passer la soupe au moulin à légumes dans une casserole et remettre à ébullition sur le feu pendant 10 mn à peu près pour la sécher, et lui donner la consistance voulue. Au dernier moment, avant de la servir, lui incorporer le beurre restant. Vérifier l'assaisonnement en sel et en poivre.

SOUPE DE CHOU AUX LÉGUMES

Elle peut se faire à l'avance. On la réchauffe au dernier moment et on incorpore le beurre en dernier lieu.

Proportions pour 4 personnes

1 belle carotte, 2 navets moyens, 3 blancs de poireaux, 1 oignon moyen, 1 petit chou vert nouveau, 50 g de beurre, sel, poivre, 1 l d'eau.

Préparation : 15 mn Cuisson : 20 à 25 mn

Préparer et couper en lames la carotte, les navets et l'oignon. Supprimer le vert foncé des poireaux, couper le reste en deux puis chaque morceau en quatre dans le sens de la longueur.

Dans une sauteuse, faire blondir 40 g de beurre à feu moyen, ajouter les légumes, couvrir et en douceur les faire étuver et se ramollir pendant 10 à 12 mn en les retournant de temps en temps jusqu'à ce qu'ils prennent une légère couleur blonde.

Pendant ce temps, couper le tronçon du chou vert, supprimer les feuilles extérieures et, en allant de la pointe vers la racine, le couper en très fines tranches, les dérouler du bout des doigts pour avoir une fine chiffonnade.

Les légumes étant bien étuvés, les mouiller avec 1 l d'eau et porter à ébullition. Ajouter la chiffonnade de chou, saler, poivrer, continuer la cuisson à petite ébullition pendant 10 à 15 mn. Le chou doit être cuit mais pas en bouillie, juste un peu ferme. Au dernier moment mélanger dans le potage un bon morceau de beurre.

Remarque : *Telle quelle, cette très ordinaire soupe ne vaut que par la saveur des légumes communiquée à l'eau de cuisson. On peut si on le souhaite la rehausser en goût et la rendre plus consistante en remplaçant l'eau par un reste de bouillon de pot-au-feu et en ajoutant 3 à 4 cuillerées à soupe de vermicelle en fin de cuisson.*

SOUPE DE CRESSON AUX POMMES DE TERRE

Elle se fait au dernier moment. On peut la passer au moulin à légumes avant de la beurrer.

Proportions pour 4 personnes

3 à 4 pommes de terre moyennes type Bintje, 1/2 botte de cresson frais ou 1/2 sachet de cresson tout prêt, 1/4 l de lait, 80 g de beurre, sel, poivre, 1/2 l d'eau.

Préparation : 15 à 20 mn **Cuisson : 35 mn environ**

Éplucher les pommes de terre, les couper en lames épaisses. Supprimer les grosses tiges des bouquets de cresson.

Dans une casserole, mettre les pommes de terre, mouiller avec 1/2 l d'eau froide, porter à ébullition et cuire les pommes de terre pendant 30 mn environ — elles ne doivent pas se défaire. Au bout de ce temps compléter avec le lait chaud, ajouter le cresson, cuire 5 à 6 mn de plus à petite ébullition. Vérifier l'assaisonnement en sel et en poivre et incorporer le beurre en fouettant juste avant de servir.

SOUPE AUX HARICOTS ROUGES

C'est une soupe rustique et nourrissante. Les haricots peuvent être cuits à l'avance et le potage sera fini au dernier moment.

Proportions pour 4 personnes

300 g de haricots rouges écossés, 1 l d'eau froide, 1 verre de vin rouge, 1 oignon, 1 clou de girofle, 1/2 feuille de laurier, 1 brindille de thym, 70 g de beurre, sel, poivre. *Facultatif* : rondelles de baguette gratinées (p. 39).

Préparation : la veille, 5 mn **Cuisson : 1 h 30 à 2 heures**

Si ce ne sont pas des haricots rouges frais, les faire tremper la veille dans de l'eau fraîche.

Le jour même, égoutter les haricots rouges et les mettre dans une casserole, couvrir avec l'eau et porter à ébullition. À ce moment, écumer soigneusement, ajouter le vin rouge, le thym, le laurier, l'oignon coupé en rondelles, le clou de girofle, du sel, du poivre. À petit feu faire cuire doucement pendant 1 h 30 à 2 heures selon la qualité des haricots : ils doivent être bien cuits mais non défaits.

Au bout de ce temps, les verser dans un tamis au-dessus d'une casserole. Réserver le jus de cuisson dans un récipient, récupérer le thym, le laurier, le clou de girofle dans le tamis et piler finement les haricots à l'aide d'un pilon.

Allonger la purée obtenue avec du liquide de cuisson pour avoir un potage à la consistance voulue, ni trop clair, ni trop épais. Mettre sur le feu et porter à ébullition. Vérifier l'assaisonnement en sel et en poivre et au dernier moment incorporer le morceau de beurre.

Servir si on le souhaite avec des rondelles de baguette gratinées.

SOUPE JULIENNE

Elle peut se faire à l'avance et se réchauffe doucement.

Proportions pour 4 personnes

1 l de bouillon de volaille* (p. 14), 2 carottes moyennes, 1 navet, 2 blancs de poireaux moyens, 1/4 de céleri-rave, 100 g de champignons de Paris, 50 g de beurre, sel, poivre.

Préparation : 25 mn + 15 mn **Cuisson : 25 mn environ**

Couper tous les légumes en fine julienne avec un couteau bien affûté (les carottes et les navets peuvent être passés au mouli-julienne, grille moyenne : cela représente un gain de temps appréciable).

Dans une casserole, faire fondre le beurre à feu doux, y jeter tous les légumes et les faire étuver lentement à couvert en les remuant de temps en temps, pendant 10 mn environ, jusqu'à ce qu'ils soient cuits légèrement croquants et non dorés. À ce moment, recouvrir avec le bouillon. Saler, poivrer et laisser mijoter un petit quart d'heure.

Servir en soupière ou en assiettes individuelles.

****Remarque :** Il est sûr que ce potage est meilleur avec du bouillon de volaille, mais à défaut on peut aussi le mouiller à l'eau et le terminer avec une pointe de Cayenne et un morceau de beurre très frais.*

SOUPE DE LÉGUMES

Elle peut se faire à l'avance et se conserve 2 ou 3 jours au réfrigérateur.

Proportions pour 4 personnes

3 carottes moyennes, 2 navets moyens, 3 poireaux moyens, 1 pomme de terre type Bintje, 1/2 gousse d'ail, 50 g de beurre, sel, poivre, 1 l d'eau.

Préparation : 15 mn **Cuisson : 45 mn**

Couper les carottes, les navets et les pommes de terre en petits dés réguliers de 2 cm de côté. Enlever le vert foncé des poireaux, ne garder que le blanc et le vert tendre, couper en petits tronçons de 3 cm.

Mettre le tout dans une casserole, recouvrir d'eau. Ajouter la 1/2 gousse d'ail écrasée. Saler. Faire partir à ébullition et cuire à couvert en mijotant doucement pendant 45 mn.

Mettre le beurre au fond de la soupière. Verser la soupe. Donner un bon tour de moulin à poivre et servir.

Remarque : *J'aime bien, quant à moi, que les légumes, ayant gardé une certaine fermeté, nagent ainsi dans le bouillon, mais rien ne s'oppose à ce que ce potage soit passé au moulin à légumes, remis dans la casserole à réchauffer et additionné au dernier moment d'un bon morceau de beurre frais.*

SOUPE AUX NAVETS

Elle se fait au dernier moment et ne sera jamais si bonne que lorsque les navets sont parfaitement étuvés et un peu dorés.

Proportions pour 4 personnes

1 l de bouillon de volaille (p. 14) ou d'eau, 600 g de jeunes navets, 3 ou 4 pommes de terre type Bintje, 90 g de beurre, sel, poivre.

Préparation : 10 à 15 mn **Cuisson : 1 petite heure**

Éplucher les navets, les couper en lamelles. Éplucher les pommes de terre, les tailler en morceaux.

Dans une casserole à feu moyen faire blondir 40 g de beurre, ajouter les navets et en douceur les faire ramollir à couvert pendant une dizaine de minutes en les tournant de temps en temps. Relever le feu, leur faire prendre une jolie couleur blonde en les tournant sans cesse. Ajouter les pommes de terre, verser le bouillon ou l'eau, faire partir à petite ébullition et laisser cuire pendant 30 à 35 mn, saler, poivrer.

Passer ensuite la soupe au moulin à légumes dans une casserole, la remettre sur le feu à petite ébullition et, en tournant, la faire réduire pour lui donner bonne consistance. Vérifier l'assaisonnement, la verser dans une soupière chaude et ajouter en dernier lieu 50 g de beurre extra-frais.

SOUPE À L'OIGNON SIMPLE

Elle se fait au dernier moment.

Proportions pour 4 personnes

1 l de bouillon de bœuf (p. 12), 4 à 5 beaux oignons, 50 g de beurre, 150 g de gruyère râpé, 12 rondelles de baguette grillées (p. 37).

Préparation : 20 à 25 mn   Cuisson : 30 mn

Éplucher les oignons, les couper en deux, les émincer en fines rondelles, les détacher du bout des doigts.

Dans une casserole à feu moyen, faire blondir le beurre, ajouter les rondelles d'oignons et les faire revenir en les tournant sans cesse jusqu'à ce qu'ils aient une belle couleur blond foncé ; attention de ne pas les brûler, la soupe prendrait un irrémédiable goût amer. À bonne couleur des oignons, verser le bouillon de bœuf, saler modérément, poivrer et laisser mijoter à petits bouillons pendant 20 mn.

Pendant ce temps, préparer les rondelles de baguette grillées et éventuellement râper le fromage s'il ne l'est déjà. Vérifier l'assaisonnement du potage, y verser le fromage râpé en pluie en le mélangeant rapidement. Verser dans une soupière chaude et servir la soupe en l'accompagnant des rondelles de baguette grillées dont chacun se servira à son gré.

SOUPE À L'OIGNON GRATINÉE

Elle se fait au dernier moment.

Proportions pour 4 personnes

1 l de bouillon de bœuf (p. 12), 4 à 5 beaux oignons, 40 g de beurre, 1 cuillerée à soupe rase de farine, 250 g de gruyère râpé, 4 petites tranches de pain de campagne.

Préparation : 20 à 25 mn Cuisson : 20 mn

Préparer les oignons comme il est dit à la recette précédente.

Dans une sauteuse à feu moyen, mettre le beurre à blondir, ajouter les oignons et les colorer à la couleur blond pâle. Les saupoudrer de farine et, en les tournant en tous sens, leur faire prendre une couleur blond très soutenu. Mouiller alors avec le bouillon de bœuf et en tournant laisser mijoter doucement pendant 10 mn.

Pendant ce temps, mettre le four en position gril. Supprimer la croûte des tranches de pain de campagne et les faire griller des deux côtés. Laisser le four en position gril.

Disposer le pain grillé dans 4 assiettes allant au four.

Vérifier l'assaisonnement en sel, poivrer généreusement et verser le bouillon dans les 4 assiettes. Saupoudrer convenablement de gruyère râpé et les passer sous le gril pour les faire gratiner et prendre une belle couleur dorée. Servir de suite.

SOUPE DE POIREAUX ET POMMES DE TERRE

Elle se fait au dernier moment.

Proportions pour 4 personnes

5 à 6 poireaux moyens, 2 grosses pommes de terre type Bintje, 50 g de beurre, sel, poivre, 1 l d'eau.

Préparation : 15 mn Cuisson : 40 à 45 mn

Prendre la partie blanc et vert tendre des poireaux, les éplucher, les laver et les couper en quatre dans la longueur. Éplucher et laver les pommes de terre, les tailler en lames un peu épaisses.

Faire fondre 25 g de beurre dans la casserole, y mettre les poireaux et les faire étuver à couvert à feu doux pendant 6 à 7 mn jusqu'à ce qu'ils s'attendrissent sans prendre couleur. Mouiller avec l'eau. Ajouter les pommes de terre, porter à ébullition. Saler, poivrer et laisser cuire à petits bouillons pendant 35 mn environ.

Au fond de la soupière chaude, mettre le beurre restant et verser la soupe dessus. Servir.

SOUPE AU POTIRON

Elle se fait au dernier moment. Le sucre est indispensable, les croûtons et le persil seront les bienvenus pour relever son goût un peu douceâtre.

Proportions pour 4 personnes

1 morceau de potiron de 800 g, 1/2 l d'eau, sel, poivre, 1 cuillerée à café de sucre, 1/2 l de lait, 100 g de beurre ramolli, 1 assiette de croûtons poêlés (p. 37) frottés d'1 gousse d'ail, persil plat haché.

Préparation : 10 mn Cuisson : 35 mn environ

Supprimer les graines de la tranche de potiron, l'éplucher en retirant largement la grosse peau, la couper en morceaux. Mettre ceux-ci dans une casserole avec du sel et le sucre, recouvrir de 1/2 l d'eau froide. Porter à ébullition et faire cuire doucement de 15 à 20 mn jusqu'à ce que le potiron soit bien tendre.

Pendant ce temps préparer les petits croûtons : les frotter avec 1 gousse d'ail et les réserver. Hacher la valeur d'une tasse à thé de feuilles de persil plat.

Égoutter très soigneusement le potiron dès qu'il est cuit et le broyer au mixer en purée fine. La verser dans la casserole et la délayer avec 1/2 l de lait environ de façon à avoir une purée très fluide. Remettre sur le feu et faire bouillir à découvert à petit feu pendant 10 à 12 mn de plus. Vérifier l'assaisonnement en sel et en poivre, ajouter le persil haché, et, au dernier moment, incorporer petit à petit en fouettant le beurre ramolli. Servir dans une soupière chaude, en présentant à part les petits croûtons.

Remarque : *Autrefois, quand le potage au potiron était, il faut bien le dire, nettement plus apprécié que maintenant, il était d'usage de mettre les croûtons frits dans la soupière et de verser le potage dessus. Rien n'empêche chacun d'en faire autant dans sa propre assiette.*

SOUPE DE PRINTEMPS

Le plus long : préparer les légumes. On peut à la limite le faire à l'avance et les tenir dans une bassine d'eau fraîche. Les cuissons ainsi que la soupe seront faites au dernier moment.

Proportions pour 6 personnes

3 l de bouillon de volaille très peu salé, 3 carottes moyennes, 2 navets longs, 3 cuillerées à soupe de petits pois frais, 3 cuillerées à soupe de haricots verts, 12 à 16 pointes d'asperges vertes, 12 à 16 très petits bouquets de chou-fleur, 1/2 tasse à thé de persil et de cerfeuil haché par parties égales, 1 bon morceau de beurre.

Préparation : 1 heure Cuisson : 1 h 15 environ

Porter le bouillon de volaille à ébullition et le faire réduire de moitié à feu moyen.

Pendant ce temps préparer les légumes. Peler les carottes et les navets. À l'aide d'une cuillère dite à la parisienne, détailler les légumes en petites boules régulières. Écosser les haricots verts, les fragmenter en morceaux de 2 à 3 cm. Écosser des petits pois frais pour en avoir la quantité voulue. Prélever 4 à 5 cm de têtes sur les asperges. Sur un chou-fleur, séparer le nombre voulu de tout petits bouquets. Hacher le persil et le cerfeuil.

Dans des casseroles d'eau bouillante salée, faire cuire séparément les légumes en les gardant fermes. Il faut compter à peu près 10 à 12 mn pour les petits pois, ainsi que pour les carottes et les navets, 6 à 7 mn pour les haricots verts et les asperges, 5 à 7 mn pour les choux-fleurs, les égoutter convenablement.

Dans le bouillon de volaille réduit, verser tous les légumes et une pincée de sucre, porter à ébullition 2 mn, vérifier l'assaisonnement en sel et en poivre.

Au dernier moment ajouter les fines herbes hachées et un bon morceau de beurre.

SOUPE DE TOMATES

Elle peut se faire à l'avance et se réchauffe très bien.

Proportions pour 4 personnes

1 bel oignon, 4 tomates moyennes, 2 pommes de terre, 1 brindille de thym, 1/4 de feuille de laurier, 1 petite tige de céleri-branche, 1 gousse d'ail (facultatif), 70 g de beurre en tout, 3/4 l d'eau, sel, poivre.

Préparation : 10 mn **Cuisson : 25 à 30 mn**

Éplucher et hacher finement un oignon. Éplucher et couper les pommes de terre en petits morceaux. Dans un saladier, couper grossièrement les tomates. Ficeler le thym, le laurier et le céleri pour faire un bouquet garni.

Dans une casserole à feu moyen, faire blondir 30 g de beurre, ajouter l'oignon et le faire fondre en douceur jusqu'à une légère couleur blonde. Ajouter les tomates, compléter avec les pommes de terre, le bouquet garni, la gousse d'ail et 3/4 de l d'eau. Faire partir à ébullition puis laisser cuire la soupe à petit feu et à couvert pendant 20 mn.

Au bout de ce temps, broyer la soupe au mixer ou au moulin à légumes après avoir retiré le bouquet garni et la gousse d'ail si on le souhaite. La passer à travers une passoire fine et la remettre au chaud. Verser ensuite dans une soupière bien chaude. Compléter au dernier moment par un morceau de beurre extra-frais et servir.

Variante : *On peut rendre le potage plus raffiné en le terminant en velouté par une liaison à la crème et à l'œuf. Pour les proportions ci-dessus : 2 cuillerées à soupe de crème fraîche épaisse, 1 jaune d'œuf. Dans un bol, mélanger la crème et le jaune d'œuf. Délayer avec un peu de* *soupe chaude, remettre le tout dans la casserole et à petit feu, en évitant l'ébullition, tourner le potage jusqu'à consistance onctueuse. Le terminer avec 30 g de beurre mis au dernier moment.*

SOUPE DE VERDURE AUX POMMES DE TERRE

L'oseille et le cresson lui donnent un léger goût acidulé et poivré tout à fait agréable. Pour lui garder toute sa fraîcheur, il vaut mieux la faire au dernier moment.

Proportions pour 4 personnes

150 g d'oseille, 150 g de feuilles de laitue, 100 g de feuilles de cresson, 50 g de fanes de radis, 3 belles pommes de terre type Bintje, 100 g de beurre en tout, 3 à 4 cuillerées à café de cerfeuil haché, 3/4 l d'eau.

Préparation : 30 à 35 mn Cuisson : 1 petite heure en tout

Éplucher les pommes de terre, les couper en morceaux et les mettre à bien cuire dans 3/4 l d'eau froide salée pendant 35 à 40 mn.

Pendant ce temps laver toute la verdure et la préparer en la hachant très grossièrement.

Dans une casserole, mettre 20 g de beurre à fondre à feu doux, ajouter toute la verdure et, en la tournant, la laisser s'affaisser et perdre son eau de végétation, ce qui prend à peu près 5 à 6 mn. Sortir du feu et réserver dans la casserole.

Hacher le cerfeuil et laisser le beurre restant se ramollir à température ambiante.

Au terme de la cuisson des pommes de terre, les sortir de la casserole à l'aide d'une écumoire, les poser sur une assiette, les écraser grossièrement à l'aide d'une fourchette, les verser dans la casserole de verdure, mélanger avec les herbes et petit à petit délayer cette sorte de purée avec de l'eau de cuisson des pommes de terre pour la mettre à bonne consistance. Sur le feu la porter à petite ébullition, assaisonner de sel et de poivre.

Malaxer le beurre et le cerfeuil haché pour avoir un beurre en pommade. L'incorporer petit à petit à la soupe en fouettant. Servir de suite dans une soupière chaude.

PANADE

On aime... ou on n'aime pas du tout. De toute façon on peut toujours essayer, quitte à ne jamais récidiver. On peut aussi, ce que je vous propose, la relever au mieux.

Elle se fait au dernier moment assez rapidement.

Proportions pour 4 personnes

150 g de croûte de dessus de pain bâtard bien rassis, 4 jaunes d'œufs, 80 g de beurre, 1 l d'eau, sel, poivre.

Préparation : 15 à 20 mn   Cuisson : 35 mn

Prélever sur le pain la croûte de dessus, elle doit vraiment être rassie et bien sèche. La briser en petits morceaux, les mettre dans une casserole à fond épais. Verser 1 l d'eau tiède et laisser les morceaux de croûte s'imbiber convenablement pendant 10 à 15 mn. Porter ensuite à ébullition en remuant sans cesse avec une cuillère en bois. Baisser alors le feu au plus bas, couvrir et laisser cuire très doucement sans y toucher pendant 30 à 35 mn. Tout le problème est d'éviter qu'elle n'attache et le mieux pour cela est de ne pas la remuer.

Quand la cuisson est terminée, mélanger le tout et la passer au mixer pour avoir une purée lisse. Remettre dans la casserole sur le feu doux, incorporer les jaunes un par un en tournant et en évitant l'ébullition, pour obtenir un potage onctueux. Saler, poivrer et incorporer le beurre morceau par morceau. Servir bien chaud.

Les améliorations de la panade :

- *Mouiller le pain avec du bouillon de pot-au-feu, y mettre au dernier moment une bonne quantité de persil haché et poivrer avec un peu de Cayenne.*
- *Hacher grossièrement une poignée d'oseille équeutée, lavée, séchée. Dans la casserole de cuisson, mettre à fondre une noix de beurre, ajouter l'oseille et la faire s'affaisser et perdre son eau de végétation pendant 5 à 6 mn. Verser ensuite le pain et l'eau ou du bouillon et continuer la panade.*
- *Émincer en julienne un blanc de poireau, hacher grossièrement un oignon. Dans la casserole de cuisson, à feu doux, mettre à fondre une noix de beurre, ajouter le blanc de poireau et l'oignon et les faire étu-*

ver en douceur sans coloration pendant 10 mn environ. Verser le pain brisé, ajouter ensuite l'eau ou du bouillon et continuer la panade.
• Au dernier moment, quand la panade est terminée et faite au bouillon, y ajouter une julienne de langue écarlate.
Enfin veiller à ce que cette panade soit bien salée et bien poivrée, qu'elle soit au naturel ou rehaussée de garnitures aromatiques.

LES CRÈMES

Ce sont encore des préparations à base de légumes, mais plus élaborées et raffinées qui ont droit par voie de conséquence à l'appellation potage. Délicieuses et souvent complétées par des petites garnitures, ces crèmes sont d'agréables entrées.

La façon de les faire est allée en se simplifiant depuis le début du siècle et du temps du célèbre Escoffier. À ce moment-là, les crèmes se faisaient à partir d'une Béchamel fluide dont le liquide de mouillement était celui de la cuisson du légume ou bien du lait. À cette Béchamel s'ajoutait le légume choisi mis en purée et le tout se terminait par de la crème fraîche.

On se contente maintenant la plupart du temps de cuire à l'eau le légume choisi, étuvé ou pas, d'en faire ensuite une purée grâce au mixer ou au moulin puis de mettre le potage à bonne consistance avec du liquide de cuisson et de la crème fraîche.

CRÈME AUX CAROTTES DITE CRÉCY

La carotte est un légume très aqueux, donc pour avoir une bonne consistance il faut l'épaissir et la lier. En cuisine ancienne, on employait assez volontiers une Béchamel un peu claire dans laquelle on ajoutait la purée de carottes. Je préfère quant à moi me servir de pommes de terre...

On peut faire toute la soupe à l'avance et la terminer avec la crème au dernier moment.

Proportions pour 6 personnes

500 g de carottes, 3 belles pommes de terre type Bintje, 1 l 1/2 de bouillon de légumes (p. 13) ou d'eau, 90 g de beurre, 1 bonne pincée de sucre en poudre, 10 cl de crème fraîche, sel, poivre. *Facultatif* : 1 assiette de petits croûtons poêlés (p. 37).

Préparation : 15 à 20 mn **Cuisson : 1 petite heure**

Tailler les carottes en copeaux de telle sorte que seul le rouge soit employé et pas le cœur jaune. Tailler les pommes de terre en quartiers.

Dans une casserole à feu doux faire fondre 40 g de beurre, ajouter les copeaux de carottes et les faire ramollir et étuver à couvert sans aucune coloration pendant 10 à 15 mn, les remuer de temps en temps. Verser le bouillon de légumes ou l'eau, la pincée de sucre, ajouter les pommes de terre, saler et faire cuire doucement pendant 35 mn environ.

Au bout de ce temps, prendre les légumes à l'écumoire. Réserver le jus de cuisson et les broyer au mixer en purée fine. Verser dans une casserole, délayer avec un peu de liquide de cuisson chaud pour avoir une purée ni trop fluide, ni trop épaisse. Remettre sur le feu à petits bouillons, ajouter et mélanger la crème fraîche. Vérifier l'assaisonnement en sel, poivrer convenablement, continuer 5 à 6 mn la petite ébullition en tournant. En dernier lieu incorporer le beurre restant.

Servir en soupière ou en assiettes et accompagner si on le souhaite d'une assiette de petits croûtons poêlés (p. 37) faits pendant la cuisson de la soupe.

CRÈME DE CÉLERI À LA JULIENNE DE POITRINE FUMÉE

On emploie de la purée de céleri surgelée que l'on fait dégeler soit au micro-ondes, soit dans une casserole à feu doux avec une petite noix de beurre fondu.

Vite faite, elle est à son meilleur quand elle est préparée au dernier moment.

Proportions pour 4 personnes

1 paquet de 450 g de purée de céleri surgelée, 2 pommes de terre moyennes type Bintje, 1 verre de bouillon de volaille (p. 14), 2 cuillerées à soupe de crème fraîche épaisse, 50 g de beurre, 100 g de poitrine fumée, sel, poivre.

Préparation : 15 mn **Cuisson : 30 à 35 mn**

Éplucher les pommes de terre, les couper en petits morceaux et les faire cuire à l'eau bouillante salée pendant 25 à 30 mn.

Pendant ce temps, supprimer la couenne et les cartilages de la poitrine fumée, la détailler en petits bâtonnets aussi fins que possible.

Pendant la fin de cuisson des pommes de terre, dégeler la purée de céleri, la mettre dans une casserole, et chauffer à part le bouillon de volaille.

Au terme de la cuisson des pommes de terre, les égoutter et les écraser en fine purée au moulin à légumes. Joindre cette purée à celle de céleri dans la casserole, mettre sur le feu doux, porter à petits frémissements et mélanger convenablement en ajoutant la crème fraîche. Liquéfier en ajoutant petit à petit du bouillon de volaille chaud, de manière à avoir une crème onctueuse.

Dans une poêle, faire fondre le beurre à la couleur noisette, le verser dans le potage et mélanger. Maintenir sur le feu à petits frémissements, saler, poivrer.

Dans une poêle antiadhésive fortement chauffée à feu vif, faire rapidement rissoler les bâtonnets de poitrine fumée : ils doivent lâcher leur graisse et devenir bien secs et croustillants.

Au choix, les ajouter à la crème de céleri avant de la répartir dans des assiettes creuses chaudes ou les présenter à part sur une assiette où chacun se servira à son gré.

Remarque : *La purée surgelée est bien commode mais rien ne s'oppose à ce que l'on fasse de la purée de céleri fraîche en cuisant du céleri coupé en morceaux dans de l'eau bouillante salée.*

CRÈME DE CRESSON ET DE POMMES DE TERRE

Elle se fait au dernier moment.

Proportions pour 4 personnes

Un sachet de cresson tout prêt, 3 pommes de terre type Bintje, 75 g de beurre, 1 bonne cuillerée à soupe de crème fraîche, 3/4 l d'eau, sel, poivre.

Préparation : 30 mn Cuisson : 40 mn en tout

Trier le cresson, supprimer les trop grosses tiges et garder une douzaine de feuilles en réserve. Éplucher les pommes de terre, les laver, les couper en morceaux, les laisser dans l'eau.

Dans une casserole, mettre 25 g de beurre à fondre, jeter le cresson pour qu'il étuve et perde son eau de végétation pendant 5 mn. Mouiller avec l'eau, ajouter les pommes de terre, porter à ébullition. Saler, poivrer et faire mijoter à petits bouillons pendant 35 mn.

Passer le potage au mixer et le remettre dans la casserole sur le feu, incorporer la crème fraîche en la délayant avec la cuillère en bois. Laisser mijoter 5 à 6 mn pour avoir la consistance voulue. Vérifier l'assaisonnement. Ajouter le beurre restant.

Verser dans la soupière chaude, et parsemer le dessus du potage avec les feuilles de cresson mises de côté.

CRÈME DE HARICOTS BLANCS

Elle est intéressante quand on a un bon reste de haricots blancs et de jus de cuisson. Elle se préparera alors rapidement au dernier moment; à défaut, les haricots pourront se faire au moment où on le souhaite.

Proportions pour 4 personnes

150 g de haricots blancs secs environ, 2 oignons moyens, 3 gousses d'ail, 1 branche de thym, 1 feuille de laurier, 2 cuillerées à soupe de crème fraîche, eau, sel, poivre.

Préparation : 5 mn (la veille) + 15 mn (le jour même)
Cuisson : 1 h 30 environ (haricot), 15 à 20 mn (potage)

La veille, mettre les haricots à tremper dans l'eau fraîche.

Le jour même : éplucher les oignons, les couper en rondelles. Éplucher les gousses d'ail.

Rincer et égoutter les haricots, les mettre dans la marmite avec l'oignon, l'ail, le thym, le laurier, couvrir d'eau. Porter à ébullition, écumer, régler ensuite à petit feu pendant 1 h 30 environ ou plus selon la qualité des haricots. Ils doivent être cuits mais non éclatés.

Au bout de ce temps, égoutter les haricots, l'ail et les oignons, supprimer le thym et le laurier, conserver le jus de cuisson. Passer les légumes au mixer pour avoir une purée, verser à nouveau dans la casserole à travers une passoire en s'aidant du pilon. Remettre à feu doux, chauffer la purée pour retirer l'excédent d'humidité. Incorporer la crème fraîche en la mélangeant convenablement.

Délayer ensuite avec du jus de cuisson pour avoir une crème ni trop fluide ni trop épaisse. Vérifier l'assaisonnement en sel et en poivre. Laisser «bouillotter» quelques minutes et servir bien chaud.

Garnitures facultatives : *Telle quelle la crème de haricots se suffit à elle-même. On peut cependant :*
— ajouter du persil haché mis au dernier moment;
— servir à part des petits croûtons poêlés (p. 37);
— supprimer la couenne et les cartilages de 150 g de poitrine fumée, la découper en petits dés, faire des petits lardons bien dorés dans une poêle antiadhésive, les verser dans la soupière chaude en évitant de mettre la graisse de cuisson.

CRÈME À LA JULIENNE DE CHOU VERT

Proportions pour 4 personnes

3/4 l de bouillon de volaille (p. 14) ou d'eau, 1 chou vert nouveau, 2 oignons moyens, 1 belle gousse d'ail, 50 g de beurre, 10 cl de crème fraîche épaisse, 1 jaune d'œuf, 1 tasse à café de boulette hachée, sel, poivre.

Préparation : 20 à 25 mn Cuisson : 35 mn environ

Éplucher les oignons, les couper en deux, les détailler ensuite en fines rondelles, détacher les anneaux du bout des doigts. Éplucher une gousse d'ail, l'écraser d'un coup sec avec la paume de la main. Couper le tronçon du chou, séparer les feuilles les unes des autres, supprimer les grosses côtes, empiler les feuilles les unes sur les autres et de la pointe à la base les débiter en fines lanières.

Dans une casserole, à feu doux, faire fondre le beurre, ajouter les oignons, les faire fondre et ramollir en douceur sans qu'ils prennent couleur pendant 6 à 7 mn. Ajouter la julienne de chou et la gousse d'ail, relever le feu et en tournant en tous sens faire s'affaisser le chou qui va perdre son eau de végétation. Supprimer la gousse d'ail qui était juste là pour parfumer. Mouiller avec le bouillon de volaille ou l'eau, porter à ébullition, saler, poivrer et laisser « bouillotter » à couvert et à petit feu pendant 10 à 15 mn.

Pendant cette cuisson, tronçonner finement la ciboulette à l'aide de ciseaux et, dans un bol, mélanger le jaune et la crème. Délayer le contenu du bol avec une louche de bouillon chaud, remettre dans la casserole et incorporer à la soupe en évitant l'ébullition mais jusqu'à consistance onctueuse.

Ajouter la ciboulette hachée, verser la soupe dans une soupière chaude et servir.

CRÈME DE LENTILLES

Elle se fait au dernier moment mais les lentilles peuvent se cuire à l'avance si on n'a pas déjà un reste d'un plat précédent. Si on manque de jus de cuisson, on emploira du bouillon de volaille instantané.

Proportions pour 4 personnes

175 g de lentilles environ, 2 oignons moyens, 2 gousses d'ail, 1 brindille de thym, 1/2 feuille de laurier, sel, poivre, 2 cuillerées à soupe de crème fraîche, 40 g de beurre. *Facultatif* : ciboulette hachée.

Préparation : 5 mn (la veille) + 15 mn (le jour même)
Cuisson : 40 mn environ (lentilles), 10 à 15 mn (potage)

Tremper et faire cuire les lentilles comme il est dit pour les haricots blancs (p. 63), pendant 40 mn environ. Selon les lentilles, ce sera ou plus court ou plus long : elles doivent être cuites mais ne pas se mettre en bouillie.

La cuisson terminée, égoutter les lentilles dans une passoire au-dessus d'un récipient. Conserver le jus de cuisson.

Broyer les lentilles, les oignons, l'ail au mixer en fine purée. Verser celle-ci dans la casserole à travers une passoire en s'aidant d'un petit pilon. Mettre la purée sur le feu moyen pour la dessécher pendant 5 mn. Lui incorporer la crème fraîche. Compléter avec du jus de cuisson pour avoir un potage ni trop fluide ni trop épais. Faire partir en petite ébullition pendant 4 à 5 mn. Vérifier l'assaisonnement en sel et en poivre. Terminer en incorporant le beurre au dernier moment. Ajouter si on le souhaite un peu de ciboulette hachée.

Garniture facultative : *Un saucisson de Morteau. Piquer le saucisson de quelques coups d'épingle, le mettre à cuire 45 mn dans l'eau frémissante pendant la cuisson des lentilles. Au terme de sa cuisson, l'égoutter, le sécher, retirer la peau, le débiter en rondelles assez épaisses qu'on met dans le potage avant de servir.*

CRÈME DE NAVETS

Elle se fait au dernier moment.

Proportions pour 4 personnes

1 l de bouillon de volaille (p. 14), 600 g de jeunes navets, 3 à 4 pommes de terre, type Bintje, 90 g de beurre, sel, poivre, 2 cuillerées à soupe de crème fraîche, 1 assiette de petits croûtons poêlés (p. 37), quelques pluches de persil plat.

Préparation : 10 à 15 mn **Cuisson : 1 petite heure**

Commencer la crème de navets comme il est dit pour la soupe (p. 50). Pendant ce temps, faire les petits croûtons poêlés, les réserver. Passer le potage au mixer pour avoir une fine purée. Remettre dans une casserole et porter à ébullition. Faire dessécher la purée à bonne consistance un peu épaisse. Ajouter la crème fraîche et faire bouillir pendant 5 mn de plus, incorporer le morceau de beurre restant.

Répartir dans des assiettes creuses chaudes, décorer de pluches de persil plat et accompagner le potage de petits croûtons dont chacun se servira à son gré.

CRÈME D'OIGNONS

Elle se fait au dernier moment.

Proportions pour 4 personnes

1/2 l de bouillon de volaille (p. 14), 5 à 6 beaux oignons, 100 g de beurre en tout, 1 cuillerée à soupe bombée de farine, 1/4 de l de lait, 10 cl de crème fraîche épaisse, sel, poivre, muscade.

Préparation : 30 à 35 mn **Cuisson : 30 mn en tout**

Préparer et détailler les oignons en rondelles. Les plonger 5 mn dans une grande casserole d'eau bouillante salée, les égoutter soigneusement et les laisser refroidir.

Dans une petite casserole, mettre à fondre 30 g de beurre, ajouter la cuillère à soupe bombée de farine et en tournant faire un roux couleur jaune pâle, mouiller avec le lait et en tournant toujours porter à ébullition pour avoir une Béchamel épaisse. La laisser un peu « bouillotter » tandis qu'on la sale, la poivre, éventuellement lui ajouter un peu de muscade.

Dans une sauteuse, mettre le reste du beurre à fondre à feu doux, ajouter les oignons et les faire fondre et blondir légèrement. Mouiller avec la Béchamel, mélanger convenablement et verser dans le mixer pour avoir une purée lisse.

Transvaser dans une casserole à travers une passoire en s'aidant du pilon, mettre à nouveau sur feu doux, ajouter la crème fraîche, mélanger et verser ensuite du bouillon de volaille pour avoir un potage crémeux, vérifier l'assaisonnement en sel et en poivre. Quand le potage est bien chaud le répartir dans quatre assiettes creuses chaudes et ajouter en dernier lieu une petite noisette de beurre sur chacune.

CRÈME À L'OSEILLE

Elle se fait au dernier moment.

Proportions pour 4 personnes

300 g d'oseille crue, 3 jaunes d'œufs, 2 cuillerées à soupe de crème fraîche, 30 g de beurre, 1 l d'eau, sel, poivre.

Préparation : 20 mn Cuisson : 35 à 37 mn

Équeuter et laver soigneusement l'oseille. Mettre le beurre à fondre à feu doux dans une casserole et la jeter dedans. La faire étuver doucement en lui faisant perdre toute son eau de végétation pendant 5 mn environ. Quand sa consistance est molle, l'oseille est fondue.

À ce moment-là, verser l'eau, saler, poivrer, porter à ébullition et laisser mijoter 20 mn. Baisser le feu, la soupe ne doit plus bouillir.

Dans un bol, battre les jaunes d'œufs avec la crème fraîche. Verser, en délayant, du jus chaud de la soupe. Puis reverser le tout d'un coup dans la casserole. En remuant avec la cuillère en bois, faire épaissir lentement, mais il est essentiel de ne pas laisser bouillir ce liquide, car les œufs se mettraient en grumeaux et la liaison serait ratée. Dès que la soupe est onctueuse, qu'elle nappe la cuillère, la servir en soupière ou en assiettes individuelles.

CRÈME DE POIS CASSÉS

Les pois cassés peuvent être cuits à l'avance. On termine la soupe au dernier moment.

Proportions pour 4 personnes

250 g de pois cassés environ, 2 oignons moyens, 3 gousses d'ail, 1 brindille de thym, 1/2 feuille de laurier, bouillon de volaille (p. 14), 1 cuillerée à soupe de crème fraîche, 60 g de beurre, sel, poivre.

Préparation : 5 mn (la veille), 10 mn (le jour même)
Cuisson : 45 mn (pois cassés) + 15 à 20 mn

Tremper et faire cuire les pois cassés comme il est dit pour les haricots blancs (p. 63) pendant 45 mn ou plus ou moins selon la qualité des pois cassés. Éviter qu'ils ne se défassent en bouillie.

Égoutter pois cassés, oignons, ail, thym, laurier au-dessus d'un récipient. Réserver le jus de cuisson.

Broyer les pois cassés, l'ail et les oignons au mixer, les remettre dans la casserole à travers une passoire en s'aidant d'un petit pilon.

Mettre la purée à dessécher convenablement sur le feu. À consistance épaisse, ajouter la crème fraîche, mélanger, compléter avec du jus de cuisson pour avoir un potage de bonne consistance. Laisser bouillir à petit feu pendant quelques minutes. Vérifier l'assaisonnement en sel et en poivre. Terminer au dernier moment avec le morceau de beurre que l'on fait fondre convenablement hors du feu. Servir très chaud.

***Garnitures facultatives :** une assiette de croûtons poêlés (p. 37); une assiette de rondelles de baguette gratinées (p. 39); des lardons; des mini-chipolatas : piquer légèrement les petites saucisses avec une épingle, les faire rissoler de tous côtés doucement pendant 6 à 7 mn dans une poêle légèrement graissée de beurre — on en compte 2 ou 3 par personne... selon appétit.*

CRÈME DE POIS FRAIS

À faire au printemps à l'époque des petits pois frais. Elle est délicieuse et se fait rapidement au dernier moment.

Proportions pour 4 personnes

470 g de petits pois écossés, le vert d'un poireau, 1/2 oignon, 30 g de beurre, 25 cl de crème fraîche, 1 l d'eau, sel, poivre. *Facultatif* : pluches de cerfeuil.

Préparation : 25 mn environ **Cuisson : 25 mn environ**

Écosser des petits pois de façon à en avoir la quantité désirée. Hacher grossièrement le demi-oignon, débiter en fines lanières deux feuilles vertes d'un poireau.

Dans une casserole mettre le beurre à fondre à feu moyen-doux, ajouter l'oignon et le vert de poireau et les faire étuver à couvert pendant 5 à 6 mn. Mouiller avec 1 l d'eau, saler, porter à ébullition.

Réserver 50 g de petits pois, jeter le reste dans la casserole d'eau bouillante. À reprise de l'ébullition cuire pendant 15 mn environ.

Dans une autre casserole d'eau bouillante salée cuire 5 à 6 mn les 50 g de petits pois, les égoutter, les réserver.

Broyer ensuite la soupe au mixer et la remettre dans la casserole en la passant dans une passoire et en s'aidant du pilon. Incorporer la crème fraîche. Porter à petite ébullition et laisser mijoter pendant 6 à 8 mn.

Au bout de ce temps verser la crème de petits pois bien chaude dans des assiettes creuses chaudes, y répartir les petits pois réservés et, si on le souhaite, décorer de quelques pluches de cerfeuil.

CRÈME DE TOMATE

Elle se fait au dernier moment.

Proportions pour 4 personnes

4 tomates moyennes, 2 pommes de terre moyennes type Bintje, 1 oignon moyen, 1 gousse d'ail, 2 cuillerées à soupe de crème fraîche, 1 cuillerée à soupe de persil haché, 40 g de beurre, 3/4 de l d'eau, sel, poivre.

Préparation : 15 mn **Cuisson : 30 mn**

Éplucher la gousse d'ail. Éplucher l'oignon, le couper en rondelles. Couper les tomates en 4 morceaux. Éplucher et laver les pommes de terre, les couper en morceaux.

Mettre tous ces ingrédients dans une casserole et recouvrir d'eau. Saler et porter à ébullition à feu moyen. Laisser mijoter à couvert 30 mn.

Pendant ce temps, effeuiller le persil et le hacher, le réserver.

Passer le potage au moulin à légumes au-dessus d'un récipient. Remettre dans la casserole en le passant, et ajouter et délayer la crème fraîche en réchauffant la soupe jusqu'à ébullition. Retirer du feu. Ajouter le morceau de beurre. Verser dans une soupière chaude. Donner 2 à 3 tours de moulin à poivre et saupoudrer de persil haché.

POTAGE PARMENTIER

C'est en fait de la purée de pommes de terre parfumée aux poireaux et enrichie de crème fraîche. On le fait au dernier moment.

Proportions pour 4 personnes

2 poireaux, 3 belles pommes de terre type Bintje, 2 cuillerées à soupe de crème fraîche, 50 g de beurre, 1 l d'eau, sel, poivre. *Facultatif* : pluches de cerfeuil.

Préparation : 15 mn Cuisson : 35 mn environ

Conserver le blanc et le vert tendre des poireaux, les couper en fines rondelles. Éplucher les pommes de terre, les couper en morceaux.

Dans une casserole, mettre les légumes et l'eau froide, porter à ébullition, saler et laisser mijoter à petit feu pendant 35 mn environ, les pommes de terre doivent être bien cuites.

Au bout de ce temps, prendre les légumes à l'écumoire et les broyer au mixer, les transvaser dans une autre casserole à travers une passoire métallique en pressant bien les poireaux avec un pilon pour en extraire tous les sucs. Délayer petit à petit la purée avec de l'eau de cuisson chaude pour avoir une soupe un peu consistante. Remettre sur le feu et porter à ébullition. Verser la crème fraîche et laisser « bouillotter » quelques minutes de plus. Poivrer convenablement et incorporer le beurre en dernier lieu.

Servir bien chaud en assiettes ou en soupière en parsemant le potage si on le souhaite de quelques pluches de cerfeuil.

VICHYSSOISE

Un potage glacé de légumes à la crème tout à fait classique et parfaitement délicieux à mon goût.

On le cuit à l'avance mais on le mélange à la crème fraîche au dernier moment.

Proportions pour 8 personnes

1 l de consommé de volaille (p. 20), 200 g de blanc de poireau, 40 g de beurre, 250 g de pommes de terre type Bintje, 1/2 l de crème fraîche épaisse, 1 tasse à thé de ciboulette hachée, sel, poivre, poivre de Cayenne.

Préparation : 15 mn Cuisson : 40 à 45 mn

Préparer les pommes de terre en les coupant en morceaux. Détailler les poireaux finement en coupant les blancs en quatre ou six dans le sens de la longueur.

Dans une casserole à feu doux mettre le beurre à fondre, ajouter les poireaux, les faire ramollir et étuver en douceur à couvert sans qu'ils soient colorés, ce qui prend environ 10 mn. Ajouter ensuite les pommes de terre, mouiller avec le consommé de volaille et porter à ébullition. Cuire à petit feu pendant 35 mn environ — les pommes de terre doivent être bien cuites —, saler et poivrer assez fortement.

Passer le potage au mixer. Il doit être épais : s'il ne l'était pas assez, remettre sur le feu doux et le faire dessécher. Le transvaser dans un récipient et le laisser bien refroidir au réfrigérateur couvert d'un papier film.

Tronçonner assez finement la ciboulette, la réserver dans un bol couvert d'un film. Mettre en réserve au réfrigérateur huit tasses.

Au dernier moment, sortir le potage glacé ainsi que la crème fraîche très froide aussi. Incorporer la crème fraîche au potage dans la proportion de 2/3 de potage pour 1/3 de crème. Vérifier l'assaisonnement en sel et en poivre, relever convenablement de Cayenne. Répartir dans les tasses froides et saupoudrer de ciboulette hachée.

LES BISQUES

Jusqu'à la fin du XVIIIe siècle, le mot bisque, qui était bizarrement masculin, désignait indifféremment des potages à base de crustacés, de volailles et de pigeonneaux. Il est maintenant uniquement réservé à des préparations à base de crustacés : c'est dire que ce sont des potages assez luxueux, pas vraiment à faire le soir en famille.

Leur confection n'est pas difficile mais elle est minutieuse et assez longue. Néanmoins les bisques peuvent se faire à l'avance aux trois quarts ; une fois réchauffées il ne reste plus qu'à les terminer par la liaison.

Dans ses grandes lignes, faire une bisque consiste à cuire en cocotte à grand feu un crustacé généralement coupé en morceaux tout vivant, puis, après avoir réservé ses chairs, à faire une fine purée au mixer avec les carapaces et la tête.

Ladite purée passée au tamis est ensuite mélangée à un fumet de poisson, et le potage se termine par l'ajout de la chair coupée en petits dés et par une liaison aux jaunes d'œufs et à la crème.

BISQUE DE CREVETTES

Elle se fait avec de belles crevettes grises crues et vivantes si possible. On peut faire le début de la bisque à l'avance. Elle sera alors réchauffée et terminée par la liaison.

Proportions pour 4 personnes

800 g de belles crevettes grises vivantes, 1 petite branche de céleri, 2 oignons, 2 petites carottes, 1 brindille de thym, 1/2 feuille de laurier, 50 g de beurre, 1 petite cuillerée à soupe rase de farine, 1 verre de vin blanc sec, 1 l de fumet de poisson (p. 86), 2 cuillerées à soupe de crème fraîche, 2 jaunes d'œufs, sel, poivre.

Préparation : 30 à 35 mn Cuisson : 25 à 30 mn (sans le fumet)

Faire le fumet de poisson si on n'en a pas déjà. Couper en tout petits dés les carottes, les oignons, le céleri. Dans une grande sauteuse à feu vif mettre à blondir le beurre, ajouter les crevettes crues et en les tournant en tous sens pour les faire cuire rapidement pendant 2 à 3 mn. En sortir la moitié de la sauteuse à l'aide de l'écumoire et réserver.

Baisser le feu, ajouter les petits légumes et les laisser à peine blondir. Saupoudrer de farine, tourner quelques instants pour la faire cuire et blondir. Mouiller avec le vin blanc, ajouter le thym et le laurier et faire cuire à couvert à petit feu jusqu'à ce que les petits légumes soient bien tendres.

Pendant ce temps, décortiquer les crevettes mises de côté. Conserver les têtes et les carapaces. Réserver les queues dans un bol recouvert de plastique.

Dès que les légumes sont tendres, supprimer le thym et le laurier, verser tout le contenu de la sauteuse dans le mixer, ajouter les carapaces et les têtes réservées. Broyer convenablement.

Transvaser dans une casserole à travers une passoire fine en s'aidant du pilon. Verser du fumet pour avoir une purée fluide, ni trop claire ni trop épaisse. À plein feu, porter à ébullition et faire cuire 5 mn de plus. Vérifier l'assaisonnement en sel et en poivre.

Dans un bol, mélanger la crème fraîche et les jaunes, délayer avec de la soupe bouillante, remettre le tout dans la casserole et, en tournant, chauffer jusqu'au point voulu d'épaisseur et d'onctuosité. Terminer avec un peu de Cayenne.

Répartir les queues de crevettes réservées dans des bols à bouillon chauds. Verser la bisque et terminer si on le souhaite par quelques pluches de cerfeuil mises juste avant de servir.

BISQUE D'ÉCREVISSES

Elle se fait au dernier moment. Le fumet de poisson peut être fait à l'avance.

Proportions pour 6 personnes

2 kg d'écrevisses, 3 carottes, 2 oignons moyens, 1 échalote, 1 petite branche de céleri, 1 bouquet garni (thym, laurier, persil), 1 gousse d'ail, 3 cuillerées à soupe d'huile, 40 g de beurre, 1/2 l de vin blanc, 1 l de fumet de poisson (p. 86), 2 cuillerées à soupe de concentré de tomate, 3 cuillerées à soupe de crème fraîche, 3 jaunes, 1 cuillerée à café rase de fécule, sel, poivre, poivre de Cayenne. *Facultatif* : pluches de cerfeuil.

Préparation : 1 heure environ (sans le fumet)
Cuisson : 45 mn environ en tout

Faire le fumet de poisson si on n'en a pas déjà.

Choisir des écrevisses vivantes si possible et éventuellement les châtrer (p. 102) rapidement.

Dans une large sauteuse mettre 2 cuillerées à soupe d'huile et 30 g de beurre à chauffer à feu vif. Ajouter les écrevisses et les faire revenir de tous côtés en les brassant. Quand elles sont bien rouges, les prendre à l'écumoire, les poser sur une plaque et les laisser refroidir. Conserver le fond de cuisson dans la sauteuse.

Décortiquer les queues d'écrevisses, les réserver dans une boîte hermétique à température de la cuisine, conserver les carapaces.

Dans le mixer mettre les carapaces réservées ainsi que les coffres et les pattes des écrevisses. Broyer pour avoir une fine purée. La transvaser dans un récipient à travers une passoire très fine en s'aidant du pilon. Réserver.

Détailler les carottes, les oignons, le céleri, l'échalote en tout petits dés.

Dans la sauteuse à feu moyen-doux, ajouter au jus de cuisson réservé le reste d'huile et de beurre. Verser les légumes, les faire bien se ramollir et un peu colorer, pendant 10 à 12 mn. Mettre alors le bouquet garni, le vin blanc, faire bouillonner 1 à 2 mn sur le feu vif, ajouter la tomate concentrée, le fumet de poisson, la purée d'écrevisses réservée, du sel, du poivre, du poivre de Cayenne. Bien mélanger le tout. Porter à petite ébullition pendant 25 mn.

Transvaser à nouveau la bisque dans une autre casserole à travers une passoire très fine, à la limite tendue d'une étamine. Remettre la casserole de bisque sur le feu, porter à ébullition.

Pendant ce temps, mélanger les jaunes et la crème fraîche dans un bol, ajouter la fécule délayée dans un peu d'eau froide. Verser un peu de bisque bouillante sur ce mélange en fouettant, recommencer l'opération une autre fois et remettre le tout dans la casserole de bisque. Sans cesser de tourner laisser reprendre l'ébullition pendant 1 mn de plus jusqu'à consistance onctueuse. Vérifier l'assaisonnement.

Répartir également les queues d'écrevisses réservées dans des bols à bouillon chauds. Remplir avec la bisque. Terminer si on le souhaite avec quelques pluches de cerfeuil et servir bien chaud.

BISQUE DE HOMARD

Elle se fait au dernier moment. Le fumet de poisson peut être fait à l'avance.

Proportions pour 6 personnes

1 homard vivant de 800 à 900 g, 1 gros oignon, 3 carottes, 1 branche de céleri, 3 à 4 queues de persil, 1 brindille de thym, 1/2 l de vin blanc, 3/4 l de fumet de poisson (p. 86), 1 cuillerée à soupe de concentré de tomate, 2 cuillerées à soupe de cognac, 3 cuillerées à soupe de crème fraîche, 25 g de fécule, 2 cuillerées à soupe d'huile, 50 g de beurre, sel, poivre, 1 pointe de poivre de Cayenne.

Préparation : 25 mn (sans le fumet) **Cuisson : 35 à 40 mn en tout**

Faire le fumet de poisson si on n'en a pas déjà.

Détailler en petits dés tous les légumes : oignons, carottes, céleri. Bien laver les queues de persil, les sécher.

Séparer la tête et la queue du homard. Couper la queue en 4 tronçons, séparer la tête en 2. Supprimer la poche. Enlever et réserver les parties crémeuses du coffre. Réserver le jus qui coule. Conserver le corail et les œufs s'il y en a.

Dans une sauteuse à feu très vif, mettre le beurre et l'huile à chauffer, ajouter les morceaux de homard et les saisir rapidement en les tournant en tous sens, intérieur et extérieur. Se débarrasser du gras de cuisson dans un bol. Verser le cognac dans la sauteuse bien chaude et faire flamber les morceaux. Les prendre ensuite à l'écumoire et les réserver.

Remettre dans la sauteuse le gras de cuisson réservé, ajouter les légumes en petits dés, les queues de persil et, à feu moyen, les faire s'attendrir et se colorer légèrement pendant 10 à 15 mn. Lorsque le tout est à point, ajouter la tomate concentrée, le vin blanc, le fumet de poisson, du sel, du poivre. Porter à ébullition en tournant le tout. Ajouter les morceaux de homard et laisser frémir pendant 10 à 15 mn.

Sortir les morceaux de homard, récupérer toutes les chairs de la queue, les envelopper de papier alu et les tenir au chaud dans le four tiède. Broyer tout le reste, tête et carapace, au mixer en fine purée. Verser dans la casserole de fumet, mélanger et laisser cuire à petite ébullition pendant 5 mn de plus.

Pendant ce temps, couper la chair de homard réservée en petits dés. Transvaser dans une autre casserole la purée de homard à travers un tamis ou une passoire fine en s'aidant du pilon. Maintenir à feu doux.

Dans un bol, mélanger la crème fraîche, la fécule, les parties crémeuses, éventuellement les œufs ou le corail du homard. Verser le tout dans la casserole, relever le feu et, en tournant, porter à ébullition jusqu'à épaississement et onctuosité. Vérifier l'assaisonnement en sel et en poivre, ajouter une pointe de Cayenne.

Répartir les dés de chair de homard dans des bols à bouillon. Les remplir de bisque et servir bien chaud.

SOUPE AUX FRUITS DE MER

C'est un potage raffiné à terminer au dernier moment. Le fumet peut être fait à l'avance.

Proportions pour 6 personnes

1 l de fumet de poisson (p. 86), 18 huîtres plates, 1 l 1/2 de moules, 1 boîte de crevettes décortiquées de 150 g, 1 verre de vin blanc, 40 g de beurre, 2 échalotes, 2 branches de persil, 100 g d'oseille, 3 cuillerées à soupe de crème fraîche, 2 jaunes d'œufs, sel, poivre, un peu de Cayenne.

Préparation : 30 à 35 mn (sans le fumet)   Cuisson : 25 à 30 mn

Faire le fumet à moins que l'on n'en ait en réserve dans le congélateur. Le réserver. Équeuter, laver l'oseille, la détailler en lanières, la réserver. Gratter et laver les moules à plusieurs eaux. Hacher finement les échalotes. Égoutter les crevettes, les réserver.

Dans une marmite, mettre le vin blanc, les échalotes hachées, le persil. À feu vif faire bouillir pendant 2 à 3 mn. Poivrer, ajouter 30 g de beurre et les moules. Les cuire rapidement pendant 2 à 3 mn en les brassant en tous sens. Retirer la marmite du feu. Prendre les moules à l'écumoire, les décoquiller, les réserver. À travers une passoire recouverte d'un chiffon, passer le jus rendu par les moules dans un récipient, le réserver. Mettre à nouveau la passoire et le chiffon nettoyé sur une casserole. Au-dessus de la passoire, ouvrir les huîtres et les décoquiller à l'aide d'une petite fourchette, les mettre sur une assiette, laisser tomber tout le jus dans la passoire.

Mettre la casserole de jus d'huître sur petit feu. Dès qu'il frémit, y plonger les huîtres 30 s, les retirer avec une large écumoire, les réserver dans un torchon mouillé plié. Verser le jus de moules dans le jus d'huîtres, compléter avec du fumet de poisson très bien passé pour avoir 1 l de liquide en tout, goûter et ajouter éventuellement du sel, poivrer convenablement. Dans une casserole à feu doux, mettre à fondre 25 g de beurre, ajouter l'oseille, la faire s'affaisser et perdre son eau de végétation pendant 5 mn environ. Mouiller avec le fumet, porter à ébullition et laisser mijoter à petit feu pendant 15 mn environ. Dans un bol, mélanger la crème fraîche et les jaunes, les délayer avec du jus bouillant, mettre le tout dans la casserole et en tournant faire épaissir juste avant le point d'ébullition pour ne pas la faire tourner.

Verser les moules, les huîtres, les crevettes dans la soupe pendant 1 minute juste pour les chauffer.

Servir dans une soupière chaude ou des assiettes individuelles.

LES VELOUTÉS

Comme les bisques, ce sont de grands potages dignes d'être le début d'un repas de fête.
La façon de faire est plutôt simple : du consommé ou du fumet ou le jus de cuisson des légumes « veloutés » grâce à un roux blanc, l'élément de base mis en purée s'ajoutant au velouté et le tout se terminant impérativement par une liaison aux jaunes d'œufs et à la crème fraîche.
C'est par les éléments de base, légumes, volaille, gibier, poisson, que le velouté se caractérise et se diversifie, rien ne s'opposant à d'harmonieuses combinaisons. Et c'est l'apport de petites garnitures qui finira de le raffiner.

VELOUTÉ AUX ARTICHAUTS

À faire en automne au moment où les beaux « bretons » à gros fonds foisonnent sur les marchés. Les artichauts peuvent se cuire le matin pour le soir... pas pour plus tard car au-delà ils deviennent toxiques. Le potage se terminera au dernier moment.

Proportions pour 6 personnes

5 beaux fonds d'artichauts, 40 g de beurre, 1 cuillerée à soupe rase de farine, 1/4 l de lait, 1/4 l de bouillon de volaille (p. 14) ou instantané, 10 cl de crème fraîche, 2 jaunes d'œufs, sel, poivre, jus de citron.

Préparation : 25 à 30 mn Cuisson : 45 à 50 mn en tout

Faire cuire les artichauts à grande eau bouillante salée pendant 30 à 35 mn. Supprimer les feuilles et le foin, parer les fonds, en réserver 1, couper les autres en lamelles.

Dans une casserole à feu moyen-doux mettre le beurre à blondir, ajouter les lamelles d'artichauts et les faire fondre lentement sans coloration pendant 7 à 10 mn.

Pendant cette cuisson, faire une petite Béchamel en mettant dans une casserole 30 g de beurre à fondre, ajouter la cuillerée à soupe de farine, faire cuire un peu en tournant jusqu'à la couleur jaune pâle, mouiller avec le lait froid et porter à ébullition en tournant jusqu'à épaississement. Saler, poivrer.

Dès que les lamelles d'artichauts sont prêtes, les verser dans le mixer avec la Béchamel et broyer pour avoir une purée. À travers une passoire, verser à nouveau dans la casserole en s'aidant du pilon. Ajouter le bouillon de volaille de façon à avoir une purée légère. Porter de nouveau à petite ébullition. Pendant ce temps, détailler le fond d'artichaut réservé en petits dés. Dans un bol, mélanger les jaunes d'œufs et la crème fraîche, délayer avec un peu de purée d'artichauts chaude, verser le tout dans la casserole et à petit feu tourner et mélanger jusqu'à épaississement et onctuosité.

Ajouter les dés d'artichauts réservés. Vérifier l'assaisonnement en sel et en poivre, ajouter un peu de jus de citron pour rehausser la saveur et servir dans une soupière chaude ou dans des assiettes creuses individuelles.

VELOUTÉ D'ASPERGES

Il se termine au dernier moment, mais la cuisson des asperges peut se faire à l'avance.

Proportions pour 4 personnes

8 asperges blanches moyennes, 1 cuillerée à soupe de farine (environ 20 g), 40 g de beurre, 3 cuillerées à soupe de crème fraîche, 3 jaunes d'œufs, 3/4 l d'eau, sel, poivre.

Préparation : 15 mn
Cuisson : 20 à 25 mn (asperges), 7 à 10 mn (têtes), 15 à 20 mn (potage)

Couper les asperges en deux : 6 cm de têtes d'un côté, les tiges de l'autre. Réservez les têtes. Gratter et préparer les asperges. Tenir les têtes dans l'eau fraîche. Couper les tiges en morceaux. Les faire cuire dans l'eau bouillante salée à couvert pendant 15 à 20 mn. Les égoutter dans une passoire en conservant le jus de cuisson.

Passer les morceaux d'asperges au mixer, à défaut au moulin à légumes, puis à la passoire fine. Verser la fine purée obtenue dans le jus de cuisson. Délayer, réserver.

Dans une casserole à feu doux, mettre à fondre 40 g de beurre, ajouter la farine, mélanger et cuire jusqu'à ce qu'on atteigne la couleur roux blond. Délayer petit à petit avec la purée d'asperges jusqu'à ébullition et épaississement. Laisser mijoter à petit feu pendant 15 à 20 mn.

Pendant ce temps, faire bouillir 3/4 l d'eau salée, y cuire les têtes d'asperges pendant 7 à 10 mn, elles doivent être fermes. Les égoutter et réserver dans un torchon.

Délayer la crème fraîche et les jaunes dans un bol. Ajouter une cuillerée de potage bouillant, délayer, recommencer une fois, et jeter le tout dans la casserole. Remuer avec la cuillère jusqu'à ébullition et consistance onctueuse et crémeuse.

Vérifier l'assaisonnement en sel et en poivre. Ajouter les têtes d'asperges à chauffer quelques instants et servir en soupière ou assiettes individuelles.

VELOUTÉ DE CHAMPIGNONS

Il se fait au dernier moment.

Proportions pour 4 personnes

250 g de champignons de Paris, 1/2 l de lait, 1 cuillerée à soupe rase de farine (environ 15 g), 25 g de beurre, 3 cuillerées à soupe de crème fraîche, 3 jaunes d'œufs, 1/2 citron, 1 cuillerée à café de jus de citron, sel, poivre.

Préparation : 15 à 20 mn Cuisson : 40 à 45 mn

Avec le beurre, la farine, le lait, faire une Béchamel peu épaisse (p. 80). La laisser mijoter à feu très doux pendant 20 à 25 mn.

Parer et nettoyer les champignons. Réserver 2 ou 3 têtes, les arroser avec du jus de citron pour qu'elles ne noircissent pas. Couper le reste en morceaux.

Dans une poêle, mettre 25 g de beurre à feu moyen. Ajouter les champignons en les remuant en tous sens, faire évaporer l'eau de végétation sans que les champignons se colorent, ce qui prend environ 6 à 7 mn. Les broyer ensuite au mixer pour avoir une fine purée. La verser dans une casserole à feu doux à travers une passoire fine en s'aidant du pilon et délayer avec la Béchamel. Porter de nouveau à ébullition en remuant le mélange. Saler, poivrer.

Dans un bol, mélanger les jaunes d'œufs et la crème fraîche avec 1 ou 2 cuillerées de potage. Verser le tout dans la casserole et chauffer jusqu'à ébullition en tournant jusqu'à ce que l'on ait une consistance lisse et onctueuse. Parfumer de quelques gouttes de jus de citron. Vérifier l'assaisonnement. Verser en soupière ou en assiettes individuelles.

Laisser tomber au-dessus de la soupière ou des assiettes de fins petits bâtonnets de champignons taillés au fur et à mesure dans les têtes réservées. Servir.

VELOUTÉ AU CURRY

Il se fait au dernier moment.

Proportions pour 4 personnes

1 l de velouté de volaille (p. 89), 10 cl de crème fraîche, 3 jaunes d'œufs, 1 cuillerée à soupe de curry en poudre, sel, poivre, 1 peu de jus de citron.

Préparation : 3 mn Cuisson : 35 à 40 mn

Faire le velouté, le laisser mijoter à petite ébullition.

Dans un bol, mélanger la crème fraîche, les jaunes d'œufs et le curry, les délayer avec du velouté bouillant, remettre le tout dans la casserole. En tournant, maintenir à petite ébullition pendant 2 mn pour obtenir l'onctuosité nécessaire. Vérifier l'assaisonnement en sel et en poivre, relever le goût avec un peu de jus de citron.

Servir en soupière ou en assiettes individuelles.

***Petites garnitures :** pluches de cerfeuil ou de persil plat; sur la table, un bol de noix de coco râpé dont chacun saupoudrera son assiette à son gré ou une assiette de tout petits dés de pommes caramélisés au préalable dans une poêle avec un peu de beurre.*

VELOUTÉ DE MERLAN AUX CHAMPIGNONS ET AU CERFEUIL

Le fumet se fait à l'avance. La cuisson du velouté au dernier moment.

Proportions pour 6 personnes

1 beau merlan, 150 g de champignons de Paris, 1 oignon, 1 brindille de thym, 1 verre de vin blanc, 90 g de beurre en tout, 3 cuillerées à soupe de crème fraîche, 2 jaunes d'œufs, jus de citron, cerfeuil, 1 l d'eau, sel, poivre.

Préparation : 25 à 30 mn Cuisson : 35 mn en tout

Demander au poissonnier de lever les filets de merlan et de donner la tête et les arêtes.

À la maison, couper en morceaux les arêtes et la tête du poisson. Détailler l'oignon en rondelles pour faire le bouillon.

Dans une casserole, mettre 30 g de beurre à fondre à feu moyen, ajouter les déchets de poisson, l'oignon et les faire étuver en douceur à couvert pendant 10 mn à peu près. Mouiller avec le vin blanc et l'eau, ajouter le thym, porter à petite ébullition et laisser cuire 25 à 30 mn.

Pendant ce temps, nettoyer les champignons et les hacher grossièrement. Mettre à chauffer 30 g de beurre dans une poêle à feu moyen, ajouter le hachis de champignons et le faire cuire à découvert pour que toute l'eau de cuisson s'évapore. Saler, poivrer et parfumer avec du jus de citron.

En même temps, dans une autre poêle à feu moyen, faire blondir 30 g de beurre, ajouter les filets de merlan, saler, poivrer et les faire cuire, sans trop les dorer, pendant 3 mn environ de chaque côté. Réserver 1/2 filet de merlan au chaud dans le four tiède entre 2 assiettes.

Sortir les champignons de la poêle, les verser dans le mixer, y ajouter le merlan restant coupé en morceaux et broyer le tout en purée. Transvaser dans une casserole à travers une passoire fine en s'aidant du pilon.

Passer le bouillon de poisson au chinois et le verser dans la purée de merlan-champignons en tournant pour obtenir un potage fluide. Mettre sur le feu, porter à ébullition et laisser cuire à découvert à petit feu pendant 10 à 15 mn.

Pendant ce temps, hacher finement le cerfeuil (1/2 tasse à thé), le réserver. Débiter le 1/2 filet de merlan réservé en fins bâtonnets, mélanger dans un bol la crème fraîche et les jaunes d'œufs, délayer avec du potage bouillant et remettre le tout dans la casserole.

Toujours à petit feu mais sans ébullition tourner le velouté jusqu'à épaisseur et onctuosité, ajouter le cerfeuil haché et mélanger. Vérifier l'assaisonnement en sel et en poivre, éventuellement remettre un peu de jus de citron.

Préparer des assiettes creuses et chaudes, y répartir les lanières de merlan réservées. Verser le velouté et servir.

VELOUTÉ DE PERDRIX AUX LÉGUMES ET AU BEURRE D'HERBES

On peut faire tout le potage à l'avance. On le réchauffera et on le terminera par la liaison et le beurre d'herbes au dernier moment.

Proportions pour 6 personnes

1 perdrix, 3 carottes, 1/2 céleri-rave, 1 oignon, 1 pomme de terre moyenne, 1 brindille de thym, 1 branche de persil, 1 l de consommé de gibier (p. 19) à défaut du consommé de volaille (p. 20), 2 cuillerées à soupe de crème fraîche, 2 jaunes d'œufs, 1 cuillerée à café rase de fécule, sel, poivre, 70 g de beurre, 3/4 de tasse à thé de persil, cerfeuil, ciboulette dans la proportion de 1/3 de chaque herbe.

Préparation : 35 à 40 mn **Cuisson : 1 h 15 environ**

Faire préparer une perdrix par le volailler. La faire rôtir 20 mn environ dans le four préchauffé à température chaude.

Pendant ce temps, laver, sécher, hacher les fines herbes, malaxer le beurre en pommade dans un bol, lui incorporer les fines herbes, du sel, du poivre. Réserver.

Éplucher et détailler en morceaux les légumes.

Au terme de la cuisson de la perdrix, la désosser, prélever convenablement les chairs, les réserver.

Dans une casserole, mettre les légumes, les os et la carcasse de la perdrix, le thym et le persil, du sel, du poivre, le consommé de gibier ou de volaille. Porter à ébullition et laisser cuire à petite ébullition pendant 40 mn environ.

Au bout de ce temps, verser ce bouillon dans une passoire au-dessus d'un récipient pour le recueillir. Supprimer le thym et le persil ainsi que tous les os et la carcasse.

Verser les légumes dans le mixer, ajouter les chairs de la perdrix taillées en morceaux, broyer le tout en purée. La transvaser dans une casserole à travers une passoire. Délayer ensuite avec le jus de cuisson pour avoir un potage à consistance fluide. Remettre sur le feu, porter à ébullition et vérifier l'assaisonnement.

Dans un bol mélanger la crème fraîche, les jaunes d'œufs et la fécule délayée dans l'eau froide, les délayer avec un peu de potage bouillant et remettre le tout dans la casserole. En tournant, aller jusqu'à une très petite ébullition pour obtenir la consistance voulue. Incorporer alors le beurre d'herbes morceau par morceau en fouettant.

Servir en soupière ou en assiettes individuelles.

VELOUTÉ DE POISSONS AUX POIREAUX ET AUX MOULES

Il se fait au dernier moment mais le fumet peut se faire à l'avance ou être mis en réserve au congélateur.

Proportions pour 6 personnes

Fumet : 1 l 1/4 d'eau, 2 à 3 arêtes et têtes de poissons (sole, turbot, merlan), 1 verre de vin blanc, 100 g d'oignon, 1 brindille de thym, 1 feuille de laurier. Velouté : 1 l de fumet, 1 cuillerée à soupe rase de farine, 80 g de beurre en tout, 3 blancs de poireaux, 3 cuillerées à soupe de crème fraîche, 2 jaunes d'œufs, sel, poivre, 36 moules, 1/2 verre de vin blanc, 1/2 verre d'eau, 1/2 tasse à thé de persil haché.

Préparation : 15 mn
Cuisson : 30 à 35 mn (fumet) + 35 à 40 mn (velouté)

Demander au poissonnier des têtes et des arêtes de poissons, de préférence sole, merlan, turbot. Les concasser à la maison en plusieurs morceaux.

Prélever les blancs de poireaux, les couper en fines rondelles, réserver. Éplucher les oignons, les détailler en rondelles, réserver.

Dans une grande casserole, mettre 20 g de beurre à chauffer doucement, ajouter les arêtes et les oignons. En douceur, les faire convenablement étuver à couvert en les retournant de temps en temps pendant 10 mn environ. Mouiller avec le vin blanc. À feu vif faire bouillonner pendant 2 mn. Ajouter l'eau, le thym, le laurier. Porter à ébullition, écumer et laisser cuire le fumet à petit feu pendant 20 à 25 mn à couvert. Dans une autre casserole, mettre à fondre à feu doux 20 g de beurre, ajouter les blancs de poireaux et les faire suer et se ramollir à couvert pendant 10 mn, les réserver.

Dans une casserole mettre à fondre 40 g de beurre, ajouter la farine, mélanger et faire cuire pour avoir un roux blond doré. Verser le fumet à travers une passoire sur le roux et porter à ébullition en tournant.

Ajouter les blancs de poireaux et laisser cuire à petite ébullition à découvert pendant 30 mn environ. Supprimer régulièrement les petites impuretés qui montent à la surface.

Pendant la cuisson du velouté, nettoyer et laver les moules. Mettre le 1/2 verre de vin blanc et celui d'eau dans une casserole à feu vif. Ajouter les moules et en les brassant les faire s'ouvrir et cuire pendant 3 mn environ. Les prendre à l'écumoire, les réserver. Passer le jus rendu à travers un chiffon, le réserver.

Au terme de la cuisson du velouté, le passer au mixer et le verser à nouveau dans la casserole à travers une passoire fine, remettre à petit feu. Ajouter le jus des moules.

Dans un bol, mélanger la crème et les jaunes d'œufs, délayer avec un peu de velouté bouillant, remettre dans la casserole. À petit feu, porter de nouveau à ébullition pour obtenir l'onctuosité nécessaire. Vérifier l'assaisonnement en sel et en poivre, compléter et relever avec un peu de poivre de Cayenne.

Répartir les moules décoquillées dans 6 assiettes creuses chaudes. Verser le velouté, saupoudrer de persil haché et servir.

VELOUTÉ AUX POIVRONS ROUGES

Il se fait au dernier moment.

Proportions pour 4 personnes

3/4 de litre de velouté de volaille (p. 89), 4 beaux poivrons rouges, 3 cuillerées à soupe de crème fraîche, 2 jaunes d'œufs, sel, poivre.

Préparation : 15 mn
Cuisson : 15 à 20 mn (poivrons) + 35 à 40 mn (velouté)

Préparer et mettre à cuire doucement un velouté de volaille léger.

Pendant 15 à 20 mn, faire cuire 3 poivrons rouges à la vapeur. Les peler, les ouvrir en deux, retirer les fibres et les graines. Les couper en morceaux et les passer au mixer en fine purée. Transvaser cette purée dans une casserole à travers une passoire fine en s'aidant du pilon. La délayer avec le velouté de volaille. À petit feu porter à ébullition et laisser mijoter.

Ouvrir le dernier poivron rouge en deux, supprimer la tige, les fibres, les graines et le mettre à griller sous le gril du four jusqu'à ce que la peau noircisse et se boursoufle, la retirer avec les doigts. Détailler le poivron en petits carrés, les réserver.

Dans un bol, mélanger la crème fraîche et les jaunes d'œufs. Verser un peu de velouté bouillant, remettre dans la casserole et porter à toute petite ébullition en tournant jusqu'à consistance onctueuse et crémeuse. Vérifier l'assaisonnement en sel et en poivre. Relever le goût d'un peu de jus de citron et ajouter tous les petits carrés de poivrons grillés, les faire chauffer quelques instants avant de servir soit en soupière, soit en assiettes individuelles.

Petites garnitures : *persil frisé haché; basilic frais haché; 4 cuillerées à café d'olives noires dénoyautées et grossièrement hachées.*

VELOUTÉ DE TOMATES AUX CREVETTES

Il se fait au dernier moment.

Proportions pour 6 personnes

1 l de velouté de volaille (p. 89), 2 dl de coulis de tomates*, 2 oignons moyens, 1 brindille de thym, 2 cuillerées à soupe de crème fraîche, 2 jaunes d'œufs, sel, poivre, 1 boîte de crevettes en saumure de 150 g (dans le commerce), 2 tomates moyennes, 1/2 tasse à thé d'estragon.

Préparation : 20 mn Cuisson : 35 à 40 mn

Préparer et faire cuire un velouté de volaille clair. Plonger les 2 tomates 1/2 mn dans l'eau bouillante, les peler. Supprimer les graines et l'eau de végétation. Couper la chair en petits dés. Réserver dans une passoire fine.

* On trouve du coulis de tomates excellent et tout prêt dans le commerce mais on peut aussi en faire du frais en mettant dans une casserole des tomates coupées en morceaux et débarrassées de leurs graines. À petite ébullition les faire cuire jusqu'à évaporation de l'eau de végétation, les passer ensuite à la passoire fine en s'aidant du pilon.

Égoutter les crevettes, réserver.

Hacher la ciboulette, réserver.

Éplucher les oignons, les couper en fines rondelles.

Dans une poêle, mettre à blondir 30 g de beurre, ajouter les oignons et les faire ramollir sans prendre couleur pendant une dizaine de minutes. Verser le coulis et la brindille de thym, porter à ébullition et faire bien réduire pour supprimer tout reste d'humidité. Retirer la brindille de thym, verser le coulis dans le mixer et le broyer convenablement. À travers une passoire fine, le verser dans le velouté, mélanger convenablement et maintenir à petite ébullition.

Mélanger la crème fraîche et les jaunes dans un bol, délayer avec du velouté bouillant, remettre le tout dans la casserole. Porter de nouveau à petite ébullition en tournant pour avoir l'onctuosité nécessaire. Vérifier l'assaisonnement en sel et en poivre.

Quelques instants avant de servir, répartir les crevettes et les dés de tomate dans 6 assiettes chaudes. Verser le velouté. Saupoudrer d'estragon haché.

VELOUTÉ DE VOLAILLE

Il se fait au dernier moment et se prête à toutes sortes d'accommodements.

Proportions pour 4 personnes

1 l de consommé de volaille (p. 20), 1 cuillerée à soupe de farine (environ 22 g), 40 g de beurre, 3 cuillerées à soupe de crème fraîche, 3 jaunes d'œufs, sel, poivre.

Préparation : 3 à 4 mn   Cuisson : 35 à 40 mn

Dans une casserole, mettre le beurre à fondre. Quand il est fondu, ajouter la farine et, en remuant avec la cuillère en bois, faire cuire jusqu'à la couleur caramel clair. Mouiller avec du consommé de volaille et, à feu moyen, porter à ébullition en tournant sans cesse jusqu'à épaississement. À partir de ce moment, laisser mijoter à tout petit feu pendant 30 mn. Enlever régulièrement avec une cuillère la peau et les impuretés qui se forment en surface.

Dans un bol, battre ensemble crème fraîche et jaunes d'œufs. Prendre une cuillerée de potage chaud, et l'incorporer au mélange crème-œufs. Recommencer l'opération 2 ou 3 fois puis jeter le tout dans la casserole en délayant bien. Continuer à chauffer doucement en tournant avec la cuillère jusqu'à ébullition. Le potage est prêt quand il couvre la cuillère. Contenant de la farine, il ne peut pas tourner. On peut donc le laisser à feu doux prendre la consistance nécessaire.

Vérifier l'assaisonnement en sel, donner 2 ou 3 tours de moulin à poivre avant de servir en soupière ou en assiettes individuelles.

Petites garnitures à mettre au dernier moment : *3 cuillerées à café d'estragon haché ou de cerfeuil haché; julienne de truffes : 1 truffe moyenne coupée en fins bâtonnets avec le jus de la boîte; petites morilles et julienne de volaille (p. 32); céleri et persil plat (p. 24); foies de volaille et petits pois : 3 foies de volaille juste raidis dans une poêle antiadhésive fortement chauffée, coupés ensuite en tout petits dés et complétés par 4 cuillerées à café de petits pois fins surgelés jetés dans le velouté 3 mn avant de servir.*

III

Les soupes régionales

La France est gourmande et ses provinces sont riches en recettes traditionnelles de toutes sortes utilisant les produits du terroir. Et Dieu sait qu'en l'occurrence nous ne manquons point de beaux et délicieux produits, nous avons de la chance...

C'est ainsi que, le long de nos nombreuses côtes, du nord au sud, d'est en ouest, se suivent les unes derrière les autres les mirifiques soupes de poissons, de crustacés, de coquillages.

C'est ainsi qu'à l'intérieur chaque région a sa potée avec le cochon-roi, le mouton, le bœuf et les beaux légumes du potager.

C'est ainsi aussi que l'on trouve à côté de pauvres soupes aux traditions lointaines pour gens obligés de se contenter de peu, d'autres, magnifiques, utilisant écrevisses, grenouilles, champignons sauvages parce qu'ils sont simplement les produits du coin...

S'il fallait citer toutes nos belles recettes de France, un livre n'y suffirait pas et aurait parfois un caractère quelque peu répétitif. Il est donc bien évident que ce chapitre ne se veut pas exhaustif mais seulement un aperçu, d'une région à l'autre — et toutes ne sont pas représentées —, de recettes suffisamment différentes pour que, des soupes marines aux potées, chacune trouve la possibilité de varier les plaisirs de la table.

LES SOUPES DE POISSONS ET DE COQUILLAGES

BOUILLABAISSE (Provence)

Plus qu'une soupe, c'est un plat complet... sujet à beaucoup de variantes car, il faut bien le dire, il y a autant de bouillabaisses que de bonnes cuisinières et de bons chefs. En l'occurrence, ne voulant pas prendre parti, je vous propose celle de Jean-Noël Escudier dont j'aime assez l'authenticité.

Il insiste en tout cas sur les trois points indispensables pour avoir une bonne bouillabaisse : le choix de poissons de roche d'une absolue fraîcheur, le bon dosage des ingrédients et une rapide cuisson « d'enfer » pour assurer le parfait mélange de l'huile et de l'eau qui donne au bouillon sa perfection.

Il est nécessaire aussi de prévoir une grande bouillabaisse, pour 8 à 10 personnes, pour avoir une grande variété de poissons.

Proportions pour 8 à 10 personnes

2,5 à 3 kg de poissons de roche : rascasse, grondin, rouquier, congre, saint-pierre, baudroie, merlan, chapon, pageot, girelle etc., 2 oignons, 1 blanc de poireau, 4 gousses d'ail, 3 à 4 tomates (ou l'équivalent en coulis), 1 petite branche de fenouil, 1 morceau de laurier, 1 morceau d'écorce d'orange, 1 brindille de thym, 3 à 4 bonnes pincées de safran, 1 dl d'huile, sel, poivre, 3 l d'eau, 4 à 5 tranches de pain rassis par personne.

Préparation : 1 h 25 Cuisson : 25 à 30 mn

Demander au poissonnier de préparer les poissons en supprimant écailles et nageoires. À la maison, les laver à grande eau et pour les plus gros les couper en tronçons.

Émincer les oignons, le blanc de poireau, écraser les gousses d'ail, plonger les tomates 30 s dans l'eau bouillante puis les peler et supprimer les graines, les hacher grossièrement.

Porter à ébullition 3 litres d'eau dans une casserole.

Dans une grande marmite, mettre l'huile à chauffer à feu moyen, ajouter l'oignon, le poireau, la tomate, l'ail ainsi que le reste des ingrédients aromatiques, tourner le tout pendant 3 à 5 mn pour donner à l'huile tout son parfum.

Ajouter les poissons fermes (rascasse, congre, baudroie) et, en imprimant à la marmite de lents mouvements circulaires, bien imprégner le poisson de l'huile et de ses aromates pendant quelques minutes. Mouiller alors avec les 3 l d'eau bouillante et mettre à grand feu pour opérer la fusion bouillonnante de l'huile et de l'eau.

Après 5 à 6 mn de grande ébullition, ajouter les poissons tendres (rouquier, girelle, merlan, pageot, chapon, etc.). Maintenir l'ébullition encore 5 à 7 mn. Rectifier l'assaisonnement qui doit être assez relevé.

Dresser dans un plat creux tous les poissons délicatement retirés de la marmite. Dans un autre plat creux, disposer les tranches de pain, les mouiller longuement de bouillon et servir très chaud.

Remarque : *A l'époque d'Escudier on mouillait le pain ainsi. Maintenant on préfère servir des rondelles de pain grillées (p. 37) à part. Il est d'usage aussi de compléter la bouillabaisse par de la rouille mise en saucière dont on tartine le pain grillé.*

La rouille

2 piments rouges, 2 gousses d'ail, 25 cl d'huile d'olive, 1 tasse à thé de mie de pain un peu rassie.

Émietter de la mie de pain dans une tasse à thé et l'humecter avec du bouillon de la soupe.

Éplucher les gousses d'ail. Supprimer la queue des piments, les ouvrir, supprimer les graines et les couper en morceaux. Les mettre dans le mixer ainsi que les gousses d'ail, saler et ajouter un peu d'huile, broyer en pommade (si on veut être classique cette opération doit se faire au mortier avec un pilon et, à dire vrai, c'est plutôt mieux et pas si long que ça).

Presser la mie de pain fortement entre les mains pour en extraire tout le jus, en prendre une cuillerée à soupe et l'ajouter à la pommade d'ail et de piments, la mélanger convenablement. Monter ensuite la rouille en versant l'huile petit à petit et en tournant comme pour une mayonnaise, en ajoutant de temps en temps un peu de bouillon chaud pour éviter qu'elle ne se dissocie.

Au dernier moment avant de la mettre en saucière et de la servir en même temps que la bouillabaisse, la diluer avec du bouillon très chaud pour qu'elle ait la consistance d'une sauce un peu épaisse.

Remarque : *À la bouillabaisse on peut joindre aussi des pommes de terre détaillées en quartiers que l'on ajoutera en même temps que le poisson ferme. Elles seront ensuite présentées dans le même plat que le poisson et auront pris une belle couleur safranée qui fait plaisir à voir. Il se répand maintenant de plus en plus l'habitude de servir de la lan-*

gouste en même temps que les poissons. Elle n'est pas vraiment orthodoxe aux yeux des Provençaux, elle rend tout juste la bouillabaisse plus chic et plus riche.

BOURRIDE (Provence)

Elle vient de Marseille depuis la plus haute Antiquité. On pourrait la résumer en disant que c'est une soupe de poissons blancs (lotte, merlan, loup...) dont le bouillon est une sauce crémeuse à base d'aïoli et de jaunes d'œufs. C'est un plat complet qui se suffit à lui-même.

Il se fait au dernier moment.

Proportions pour 4 personnes

1 kg de baudroie (lotte), 1 poireau, 1 oignon, 1 carotte, 1 brindille de thym, 1 feuille de laurier, 1 morceau de fenouil, 1 écorce d'orange, 1/2 l de vin blanc sec, 1 l 1/2 d'eau, sel, poivre. *Aïoli et soupe* : 6 gousses d'ail, 5 jaunes d'œufs, 1/4 l d'huile d'olive, sel, le bouillon de cuisson des poissons. *Facultatif* : 4 tranches de pain rassis.

Préparation : 20 mn environ　Cuisson : 40 mn en tout

Demander au poissonnier de couper la lotte en tronçons. Préparer le court-bouillon en mettant dans une marmite l'oignon et la carotte coupés en rondelles, le poireau, le thym, le laurier, le fenouil et l'écorce d'orange. Verser le vin blanc, 1 l 1/2 d'eau, du sel et porter à ébullition. Maintenir le court-bouillon frémissant pendant 15 à 20 mn.

Pendant ce temps, préparer l'aïoli : dans un mortier piler très finement les gousses d'ail épluchées et dégermées. Quand elles sont à l'état de pommade y mélanger 1 jaune d'œuf, du sel. Verser ensuite lentement l'huile en filet en tournant sans cesse comme pour une mayonnaise. Une fois mise la moitié de l'huile, assouplir cette mayonnaise très épaisse avec une cuillerée à soupe d'eau tiède et un peu de jus de citron. Verser le reste de l'huile toujours en filet et en tournant. Éventuellement ajouter encore de temps en temps un peu d'eau tiède pour que l'aïoli ne soit pas trop épais. Le réserver couvert d'un film à la température de la cuisine.

Dans le court-bouillon, poser les tronçons de lotte et porter à ébullition pendant 8 à 10 mn. Dès que le poisson est cuit, le retirer à l'écumoire, le disposer dans un plat creux et le maintenir au chaud dans le four tiède recouvert d'un papier alu.

À travers un chinois ou une fine passoire passer le bouillon de cuisson dans un récipient. Le réserver.

Transvaser l'aïoli dans une casserole. Y ajouter les jaunes d'œufs restants un par un en les incorporant convenablement. Délayer parfaitement ce mélange petit à petit en versant doucement le bouillon de cuisson tiède. Poser la casserole sur le feu doux et, en tournant sans cesse, faire épaissir la bourride jusqu'à ce qu'elle soit onctueuse et nappe la cuillère. Éviter surtout l'ébullition car la sauce tournerait irrémédiablement. Vérifier l'assaisonnement en sel et en poivre.

On peut, mais ce n'est pas obligatoire, disposer une tranche de pain rassis dans les assiettes. Verser la bourride dessus et servir le poisson en même temps.

COTRIADE (Bretagne et Normandie)

C'est une soupe de pêcheurs qui se prépare, en principe, sur les bateaux, le long des côtes normandes et bretonnes : les poissons varient donc selon la pêche. Elle se doit d'être dégustée en quelque sorte à l'envers : on mange d'abord le poisson arrosé d'un peu de bouillon mélangé en partie égale avec du vinaigre, ensuite la soupe aux pommes de terre, et c'est un repas complet.

Proportions pour 4 personnes

1 kg de poissons divers (congre, merlan, grondin, *en tout cas* du maquereau), 2 oignons, 1 grosse poignée d'oseille, 50 g de beurre demi-sel en tout, 800 g de pommes de terre, 1 beau bouquet d'herbes : persil, cerfeuil, estragon, brindille de thym, vinaigre, 2 à 3 l d'eau, sel, poivre.

Préparation : 15 mn Cuisson : 25 à 30 mn

Faire préparer les poissons par le poissonnier en lui demandant de couper les plus gros en tronçons.

Équeuter l'oseille, la détailler en larges rubans, hacher grossièrement les oignons.

Dans une sauteuse à feu doux, mettre à blondir 25 g de beurre. Ajouter l'oseille et les oignons, couvrir et en douceur faire s'affaisser l'oseille qui perdra son eau de végétation et se ramollira, les oignons devenant transparents, sans couleur. Remuer le tout de temps en temps.

Pendant cette opération qui dure environ 10 mn, éplucher les pommes de terre et les couper en larges lames. Les verser dans la marmite ainsi que le bouquet d'herbes, ajouter l'eau, relever le feu, saler et poivrer et faire partir à ébullition.

Au bout de 10 mn de cuisson, ajouter les poissons en mettant en premier les plus fermes tels le maquereau et le congre et en terminant par les plus délicats comme le merlan et le grondin. Veiller à ce que le tout soit recouvert d'eau. Faire reprendre l'ébullition et poursuivre la cuisson à petits bouillons pendant 10 à 15 mn, le temps que les poissons et les pommes de terre soient cuits.

Avec précaution sortir les poissons et les disposer sur un plat creux. Prendre 1/2 louche de bouillon bien chaud, compléter par autant de vinaigre et verser sur les poissons avant de servir.

Poursuivre le repas en récupérant les pommes de terre avec une écumoire et en les mettant dans une soupière chaude. Verser dessus 1 l de bouillon passé à travers une passoire, terminer avec une bonne noix de beurre.

Remarque : *Il est d'usage souvent de compléter les pommes de terre, dans la soupière, par des lamelles de croûte de pain pour rendre la soupe plus consistante.*

POTAGE AUX GRENOUILLES (Alsace)

On peut désosser les grenouilles à l'avance, mais ce potage est une entrée délicate à faire au dernier moment.

Proportions pour 4 personnes

8 à 10 paires de cuisses de grenouille, 1 oignon, 1 échalote, 2 dl de vin blanc sec d'Alsace, 3/4 l de bouillon de volaille (p. 14), 1 cuillerée à soupe rase de farine, 10 cl de crème fraîche épaisse, 2 jaunes d'œufs, 100 g de beurre en tout, 1 tasse à thé de persil, sel, poivre.

Préparation : 20 à 25 mn Cuisson : 25 à 30 mn

Préparer les grenouilles en coupant la partie avant avec des ciseaux ainsi que l'extrémité des griffes arrière.

Hacher menu l'oignon et l'échalote. Hacher à part le persil, le réserver.

Dans une casserole, mettre 50 g de beurre à fondre à feu doux, ajouter l'échalote et l'oignon et les faire fondre en douceur sans qu'ils prennent couleur pendant 7 à 8 mn. Ajouter les cuisses de grenouille, mélanger et les cuire également sans colorer pendant 5 à 6 mn de plus. Les saupoudrer de farine et tourner le tout en tous sens pendant 2 à 3 mn pour que la farine cuise et blondisse un peu. Mouiller avec le vin blanc et, toujours en tournant, le faire bouillonner pendant 1 mn pour qu'il perde de son agressivité. Compléter avec le bouillon et laisser mijoter à petits bouillons pendant 10 mn environ.

Dans un bol mélanger la crème fraîche et les jaunes d'œufs. Délayer avec une cuillerée à soupe de bouillon, puis une autre, verser le tout dans le bouillon avec le persil haché et tourner à feu doux quelques instants pour que le potage prenne une belle onctuosité. Vérifier l'assaisonnement et éventuellement ajouter un peu de jus de citron pour relever le goût.

Hors du feu, incorporer en fouettant et morceau par morceau le beurre restant.

Répartir le potage dans des assiettes creuses chaudes et servir si on le souhaite avec des petites rondelles de baguette grillées (p. 37) présentées à part.

SOUPE DE BIANCHETTI (Corse)

Les bianchetti sont en Corse la poutine ou les nonnats de Provence. Autrement dit des alevins qui se pêchent sur nos côtes méditerranéennes au tout début du printemps. La soupe ne sera bonne que si les bianchetti ne subissent que quelques minutes de cuisson. C'est une entrée à faire au dernier moment.

Proportions pour 4 personnes

250 g de bianchetti, 2 oignons moyens, 1 blanc de poireau, 4 gousses d'ail, 2 cuillerées à soupe d'huile d'olive, 250 g de coulis de tomates (en boîte dans le commerce ou en réserve dans le congélateur), 1 ou 2 bonnes pincées de safran, 3/4 de l d'eau, sel, poivre, rondelles de pain grillées (p. 37). *Facultatif* : gruyère râpé.

Préparation : 15 mn Cuisson : 30 mn

Nettoyer les poissons de tous les petits débris qui peuvent y être mêlés. Les laver dans une passoire, les mettre à sécher dans un torchon.

Éplucher et hacher grossièrement les oignons, émincer le blanc de poireau.

Dans une casserole, mettre l'huile d'olive à chauffer à feu moyen, ajouter les oignons hachés et le blanc de poireau, les faire fondre et se ramollir doucement pendant 7 à 8 mn. Ajouter le coulis de tomates, remuer le tout convenablement en chauffant 5 mn. Verser 3/4 de litre d'eau et porter à ébullition, assaisonner de sel et de poivre. Relever de safran un peu au goût : 1 ou 2 bonnes pincées. Laisser à petit bouillon pendant une quinzaine de minutes.

Pendant ce temps, préparer les rondelles de pain grillées.

5 mn avant de servir, écraser les gousses d'ail au-dessus de la soupe à l'aide du presse-ail.

2 mn avant de servir, verser les bianchetti en tournant avec la cuillère dans la soupe en ébullition.

Verser dans une soupière chaude et servir avec les rondelles de pain grillées servies à part et si on le souhaite un bol de gruyère râpé dont chacun se servira à son gré.

SOUPE DE CONGRE AUX LÉGUMES À LA BRETONNE

Un sobre et facile repas complet constitué d'un bouillon clair et de congre bouilli garni de légumes à faire au dernier moment.

Proportions pour 4 personnes

1 beau morceau de congre au niveau de la tête de 800 à 900 g, 2 à 3 poireaux selon grosseur, 2 oignons moyens, 1 cuillerée à soupe d'eau, 3 carottes moyennes, 3 à 4 pommes de terre, 1 brindille de thym, 1/2 tasse à thé de ciboulette, 2 l d'eau, 100 g de beurre demi-sel, poivre, un peu de Cayenne. *Facultatif* : 1 assiette de petits croûtons poêlés (p. 37).

Préparation : 20 à 25 mn   Cuisson : 1 h 15 environ

Préparer les poireaux, supprimer le vert foncé, couper le blanc et le vert clair en deux, les couper ensuite en quatre dans le sens de la longueur. Détailler les oignons en fines rondelles.

Dans une marmite à feu doux, faire blondir 30 g de beurre, ajouter les poireaux et les oignons, 1 cuillerée à soupe d'eau et en douceur faire étuver le tout à couvert pendant 10 mn.

Pendant ce temps, éplucher les carottes et les pommes de terre, les détailler en grosses rondelles.

Quand les oignons et les poireaux sont bien ramollis, ajouter les pommes de terre, les carottes et la brindille de thym, mouiller de 2 litres d'eau, saler, poivrer, porter à ébullition, laisser cuire pendant 35 mn environ.

Passer le morceau de congre sous l'eau, le détailler en 8 tronçons. 20 mn avant la fin de la cuisson des légumes, mettre les tranches de congre dans la marmite et faire bouillir vivement.

Pendant ce temps, détailler la ciboulette en menus tronçons à l'aide des ciseaux. Allumer le four à température tiède.

Au terme de la cuisson, sortir le congre et les légumes du bouillon à l'aide de l'écumoire, les disposer dans un plat, recouvrir d'un papier alu et les mettre au chaud dans le four.

Continuer l'ébullition du bouillon pour le faire réduire d'un bon tiers, afin de le corser. Vérifier l'assaisonnement en sel, le relever d'un peu de Cayenne.

Pendant cette réduction, mettre dans une casserole le reste du beurre à juste fondre à feu tout doux sans le laisser bouillir et le relever d'un peu de citron et de poivre.

Au moment de servir, verser le bouillon dans une soupière chaude, ajouter la ciboulette hachée et présenter à part si on le souhaite une assiette de petits croûtons poêlés (p. 37).

Sortir ensuite le plat de poisson et de légumes du four, l'arroser du beurre fondu et servir en plat principal.

SOUPE D'ÉCREVISSES (Jura)

Elle se faisait volontiers dans le Jura où les écrevisses abondantes se pêchaient dans les torrents.

C'est un potage fin et raffiné qui se fait au dernier moment.

Proportions pour 4 personnes

24 écrevisses, 1 oignon, 2 échalotes, 1 carotte moyenne, 1 gousse d'ail, 1 tomate moyenne, 1 belle branche de persil, 1/2 feuille de laurier, une brindille de thym, 40 g de beurre, 1 verre de vin blanc sec (de préférence un vin jaune de la région), 1 bonne cuillerée à café de concentré de tomate, 3/4 l d'eau, 20 cl de crème fraîche, 2 jaunes d'œufs, sel, poivre. *Garniture* : feuilles de persil plat, petits croûtons poêlés (p. 37).

Préparation : 25 à 30 mn Cuisson : 45 à 50 mn

Préparer l'oignon, l'échalote, la carotte en les coupant en tout petits dés, plonger la tomate 30 s dans l'eau bouillante, l'ouvrir, retirer les graines et l'eau de végétation, la concasser en morceaux dans un bol.

En cas d'écrevisses de vivier les laisser telles quelles, si elles sont de rivière les châtrer en retirant le petit cordon noir qui se trouve sous la queue. On y arrive facilement en supprimant l'anneau central sous lequel se trouve le début du cordon et en l'extirpant en tournant légèrement. Faire cette opération rapidement pour éviter que les écrevisses ne se vident.

Dans une sauteuse, mettre du beurre à blondir, ajouter les dés d'oignons, d'échalotes et de carottes, la branche de persil, et en douceur les faire se ramollir et prendre couleur légèrement pendant 10 bonnes minutes. Écraser l'ail au presse-ail au-dessus des légumes et relever le feu. À bonne chaleur vive ajouter les écrevisses et en les tournant en tous sens les faire rougir pendant 1 ou 2 mn. Mouiller avec le vin jaune, faire bouillonner quelques instants, verser l'eau et la tomate concassée. À ébullition, retirer les écrevisses à l'aide de l'écumoire, les réserver, mettre le thym et le laurier, laisser à petit feu, saler, poivrer.

Séparer les têtes des queues des écrevisses. Décortiquer les queues, réserver ces dernières dans un bol, conserver les carapaces et les broyer au mixer avec les têtes. Verser cette purée dans la soupe, ajouter le concentré de tomate, le mélanger et laisser mijoter pendant 30 mn.

Au bout de ce temps, transvaser la soupe dans une autre casserole en la passant à travers une passoire très fine. Porter de nouveau à petite ébullition. Dans un bol, mélanger les jaunes et la crème fraîche, verser dedans une cuillerée de soupe bien chaude, recommencer l'opération une fois et verser le tout dans la casserole. Opérer la liaison en tournant jusqu'à consistance onctueuse en évitant surtout l'ébullition. Répartir le potage dans 4 assiettes creuses chaudes, mettre dans chacune 6 queues d'écrevisses, décorer avec 2 ou 3 feuilles de persil plat et servir si on le souhaite avec une assiette de petits croûtons poêlés (p. 37) sur la table.

SOUPE DE MOULES À LA CHARENTAISE

C'est à vrai dire tout autant une soupe de poissons qu'une soupe de moules. Elle est néanmoins intéressante car mouillée au vin rouge. C'est une solide entrée qui peut se faire à l'avance et se réchauffer. Les moules étant mises au dernier moment.

Proportions pour 8 personnes

1 daurade de 700 à 900 g, 2 petits rougets, 1 tranche de congre de 250 g, 2 l de moules, 1 l de vin rouge, 2 oignons, 1 gousse d'ail, 4 tomates, 1 branche de persil, 1 brindille de thym, 50 g de beurre, sel, poivre, 1 pointe de Cayenne.

Préparation : 30 mn Cuisson : 25 à 30 mn

Faire écailler et vider la daurade et les rougets par le poissonnier. Les couper en morceaux ainsi que la tranche de congre, les sécher dans un torchon.

Plonger les tomates 15 s dans l'eau bouillante, retirer la peau, supprimer les graines et l'eau de végétation, les concasser dans un bol. Hacher finement l'ail et les oignons. Gratter et nettoyer les moules, les laver à plusieurs eaux, les laisser dans l'eau fraîche.

Dans une cocotte à feu moyen, faire blondir le beurre, ajouter l'ail et les oignons, les faire fondre et se ramollir en douceur pendant 7 à 8 mn, ajouter les tomates concassées, relever le feu et en tournant bien les dessécher pendant quelques minutes. Ajouter les tranches de poisson, les remuer en tous sens pendant 1 ou 2 mn, mouiller avec le vin rouge et le faire bouillonner fortement pendant 1 ou 2 mn, ajouter le thym et le persil, baisser le feu et laisser cuire doucement pendant 10 à 15 mn.

Pendant ce temps, mettre un verre d'eau dans une marmite sur le feu très vif, y jeter les moules et les faire s'ouvrir en les brassant en tous sens pendant 2 ou 3 mn. Les sortir de la marmite et verser le jus rendu dans un bol à travers une passoire tendue d'un fin chiffon. Verser ce jus filtré dans la soupe.

Au terme de la cuisson des poissons, verser la soupe dans un tamis disposé au-dessus d'une casserole. Pilonner le tout en pressant au maximum : on doit avoir un bouillon épais. Remettre sur feu doux. Faire une bonne assiette de rondelles de baguette grillées (p. 37) ou de petits croûtons poêlés (p. 37).

Au dernier moment avant de servir, jeter les moules décoquillées dans la soupe pour qu'elles cuisent 1 mn de plus et servir avec les petites rondelles de baguette ou les petits croûtons servis à part.

SOUPE DE MOULES À LA NORMANDE

Il y aura bien sûr de la crème fraîche. Et je suggère de choisir des petites moules, plus fines de goût que les grosses. Celles dites du Bouchot sont exquises. C'est une entrée agréable qui peut se faire à l'avance et se réchauffer, les moules étant mises juste avant de servir.

Proportions pour 6 personnes

1 l 1/2 de bouillon de volaille (p. 14), 2 l 1/2 de moules, 2 carottes, 2 navets, 2 blancs de poireaux, 3 à 4 pommes de terre, 2 oignons, 50 g de beurre. *Cuisson des moules* : 1 belle branche de persil, 1 brindille de thym, 2 verres de vin blanc sec, 2 échalotes, 2 gousses d'ail, poivre. *Finition de la soupe* : le jus de cuisson des moules, 10 cl de crème fraîche, 1 assiette de petits croûtons poêlés (p. 37), 1 bol de gruyère ou de parmesan râpé.

Préparation : 35 à 40 mn   Cuisson : 1 h environ

Éplucher et préparer les carottes, les navets, les oignons et les blancs de poireaux en les coupant en petits dés. Préparer les pommes de terre en les coupant simplement en morceaux.

Dans une casserole à feu moyen mettre le beurre à blondir, ajouter les petits dés de légumes et en douceur à couvert les faire se ramollir et prendre légèrement couleur pendant 15 mn environ. Au bout de ce temps, ajouter les morceaux de pommes de terre, mouiller avec le bouillon de volaille et porter à ébullition, saler modérément, laisser cuire à petits bouillons pendant 35 à 40 mn jusqu'à bonne cuisson des pommes de terre.

Pendant ce temps, nettoyer convenablement les moules et les laver à plusieurs reprises à grande eau fraîche.

Hacher les échalotes et l'ail.

Dans une grande marmite, verser le vin blanc sec, les échalotes et l'ail hachés, la branche de persil et la brindille de thym, faire bouillonner à feu vif pendant 7 à 8 mn et y jeter les moules. À l'aide d'une grande écumoire, les brasser en tous sens pour qu'elles s'ouvrent et cuisent légèrement pendant 4 à 5 mn à peu près.

Les retirer de la marmite, les décoquiller et les réserver dans un saladier.

À travers une passoire fine recouverte d'un fin chiffon verser dans un récipient le jus rendu par les moules pour le filtrer convenablement, le réserver.

Le potage de légumes étant cuit, le passer au mixer et le transvaser dans une casserole sur le feu moyen. À ébullition verser la crème fraîche et le jus des moules réservé. Mélanger convenablement et laisser à tout petit feu. Rectifier l'assaisonnement en sel et en poivre. Préparer et poêler les petits croûtons (p. 37) et les mettre sur une assiette ainsi que du fromage râpé dans un bol. Juste 1 mn avant de mettre la soupe en soupière, ajouter les moules et servir bien chaud. Chacun se servira à son gré de croûtons et de fromage râpé.

SOUPE DE POISSONS À LA BRETONNE

C'est une soupe bien relevée, assez claire, qui se sert avec des croûtons grillés frottés d'ail. Elle peut se faire à l'avance et se réchauffer.

Proportions pour 6 personnes

1 tête de congre, 1/2 kg de têtes et d'arêtes de sole, de merlan, de daurade, etc. (le poissonnier les fournit aimablement), 2 rougets grondins, 3 à 4 sardines, 1 carotte, 1 poireau, 1 oignon, 2 échalotes, 1 noix de beurre, 1 bouquet garni, 3 clous de girofle, 1 bonne pincée de poudre « quatre-épices », 1/2 l de vin rouge, eau, sel, poivre de Cayenne, rondelles de pain grillées, 2 gousses d'ail.

Préparation : 20 mn Cuisson : 1 h 15 - 1 h 30

Couper les carottes et l'oignon en rondelles, supprimer le vert foncé du poireau, le couper en deux, l'émincer dans le sens de la longueur. Dans une casserole, mettre la tête de congre, les arêtes, les têtes, les poissons tronçonnés en morceaux, ajouter les légumes préparés, mouiller à hauteur avec le vin rouge et de l'eau, ajouter du sel, du poivre de Cayenne, la poudre « quatre-épices », porter à ébullition et en écumant régulièrement faire cuire à petit feu 1 petite heure.

Pendant ce temps, hacher finement les échalotes, mettre la noix de beurre à fondre à feu moyen dans une poêle, ajouter le hachis d'échalotes et lui faire prendre lentement une belle couleur dorée. Transvaser ce petit hachis dans une grande casserole.

Poser un tamis, y verser la soupe en fin de cuisson et la passer en s'aidant du pilon, mélanger aux échalotes, porter de nouveau à ébullition et cuire à tout petit feu 1/4 d'heure de plus.

Pendant ce temps, faire des rondelles de pain grillées très minces et les frotter à l'aide d'une gousse d'ail. Vérifier l'assaisonnement de la soupe et éventuellement la relever en épices et d'un peu de vinaigre : elle doit être très corsée.

La verser ensuite dans une soupière chaude à travers une passoire fine. Servir avec les petites tranches de pain présentées à part ou les mettre au fond de la soupière avant de verser la soupe.

SOUPE DE POISSONS À LA PROVENÇALE

Comme la bouillabaisse, elle est sujette à beaucoup d'interprétations. Bien des Provençaux la trouvent plus délectable que la bouillabaisse. Je suis assez de cet avis en précisant toutefois qu'elle ne peut faire figure de plat complet : c'est seulement un délicieux début de repas. Elle peut se faire à l'avance et se réchauffer.

Proportions pour 6 personnes

1 kg de poissons de roche (rouquiers, girelles, petites rascasses, petits congres, etc.), 1 blanc de poireau, 1 oignon, 2 gousses d'ail, 2 petites tomates (ou du coulis), 1 brin de fenouil, 1 brin de sariette, 1 feuille de laurier, 2 à 3 fortes pincées de safran, 1 grand verre d'huile d'olive, sel, poivre, 1 l d'eau, 150 g de fromage râpé, croûtons poêlés (p. 37). *Facultatif* : 300 g de gros vermicelles (ou de spaghettis fins).

Préparation : 20 à 25 mn Cuisson : 35 mn environ

Faire nettoyer et préparer les différents poissons par le poissonnier.

Hacher l'oignon et le poireau, concasser les tomates en morceaux, écraser les gousses d'ail.

Dans une marmite à feu moyen, mettre un grand verre d'huile d'olive, ajouter l'oignon, le poireau, les tomates, le fenouil, la sariette, le laurier. Faire revenir convenablement pendant 6 à 7 mn. Ajouter les poissons, mélanger et les faire revenir en tous sens pendant quelques minutes pour leur faire légèrement prendre couleur. Saler, poivrer. Mouiller avec 2 l d'eau. Porter à ébullition et laisser cuire pendant 15 mn environ.

Au bout de ce temps, poser un tamis au-dessus d'une autre marmite et verser la préparation de poissons. À l'aide d'un pilon, la passer et la presser convenablement pour en extraire tous les sucs et obtenir un onctueux coulis. Remettre sur le feu. Vérifier l'assaisonnement : cette soupe doit être assez relevée, ajouter le safran et porter à petite ébullition. Si on le souhaite, jeter les gros vermicelles dans la soupe pour les faire cuire en dernier lieu en respectant le temps de cuisson indiqué sur le paquet. Pendant la cuisson de la soupe, préparer des petits croûtons poêlés (p. 37).

Au terme de sa cuisson, verser la soupe dans une soupière chaude et l'accompagner de gruyère râpé et de petits croûtons présentés à part sur des assiettes de service.

SOUPE DE POISSONS DE LA CÔTE BASQUE DITE TTORRO

Elle fait fonction de plat complet et se prépare au dernier moment.

Proportions pour 4 personnes

500 g de congre, 2 grondins, 500 g de lotte, 1 l de moules, 12 langoustines, 1 carotte, 2 oignons moyens, 2 tomates moyennes, 1 gousse d'ail, persil, 1 brindille de thym, 1/2 feuille de laurier, 1 petit poivron vert, 1 piment oiseau (en flacon dans le commerce), 1/2 l de vin blanc, 1 l 1/4 d'eau, 4 cuillerées à soupe d'huile, sel, poivre, farine, persil haché, petits croûtons poêlés, 2 gousses d'ail.

Préparation : 35 à 40 mn   Cuisson : 1 h 40 environ

Demander au poissonnier de nettoyer les poissons. Éplucher les oignons, les carottes et la gousse d'ail, les couper en tout petits morceaux. Prélever les têtes du congre et des grondins. Couper celle du congre en quatre et celles des grondins en deux, réserver. Tronçonner les poissons restants, lotte comprise, en morceaux, les fariner légèrement, les réserver.

Dans une sauteuse, mettre à chauffer une cuillerée à soupe d'huile à feu moyen-doux. Verser les dés de carotte, d'oignon et d'ail, les laisser fondre et prendre légèrement couleur pendant 10 à 15 mn. Ajouter les morceaux de tête et en relevant le feu les faire revenir rapidement de tous côtés pendant 5 mn. Verser le vin et le faire réduire de moitié.

Pendant cette réduction, concasser les tomates en morceaux. Supprimer la tige et les graines du petit poivron vert, le couper en morceau.

Le vin étant réduit, ajouter les tomates, la branche de persil, le thym, le laurier, le poivron, le petit piment. Compléter avec 1 l 1/4 d'eau, du sel, du poivre. Porter à ébullition, laisser ensuite mijoter à petit feu pendant 1 heure.

Pendant ce temps, mettre 2 cuillerées à soupe d'huile à chauffer à feu moyen dans une sauteuse, ajouter les morceaux de poissons farinés et les faire dorer de tous côtés pendant quelques minutes. Les prendre à l'écumoire et les réserver. Gratter et nettoyer très soigneusement les moules, les laver à grande eau fraîche. Hacher le persil pour en avoir la valeur d'une tasse à thé. Faire les petits croûtons (p. 37), les frotter ensuite avec la gousse d'ail, les dresser sur une assiette.

Au terme de la cuisson du bouillon, le passer dans une jolie marmite de présentation à travers un tamis en pressant bien avec un pilon pour extraire tous les sucs des têtes, y mettre les morceaux de poissons réservés et le porter à petite ébullition sur feu moyen pendant 5 à 6 mn. Vérifier l'assaisonnement en sel et en poivre. Compléter avec les langoustines et les moules, laisser cuire 4 à 5 mn de plus, de façon à ce que les moules s'ouvrent et que les langoustines soient justes cuites.

Juste avant de servir le ttorro, le parsemer de persil haché et l'accompagner des petits croûtons présentés à part.

LES POTÉES

GARBURE BÉARNAISE

Une potée où se glisse du confit d'oie et qui constitue un repas complet, le bouillon étant servi en premier, les viandes et les légumes en plat principal.

Proportions pour 8 personnes

500 g de confit d'oie ou de canard, 1 os de jambon où adhère encore un peu de chair, à défaut 200 g de jambon sec de pays, 250 g de haricots blancs, 800 g de pommes de terre, 3 à 5 carottes moyennes, 2 à 3 navets, 1 gros oignon, 1 piment rouge, 1 bouquet garni fait d'une branche de céleri, 1 branche de persil, 1 brindille de thym, 1/2 feuille de laurier, 2 gousses d'ail, sel. *Facultatif* : pain de campagne rassis.

Préparation : 5 mn (la veille) + 35 mn environ (le jour même)
Cuisson : 2 h 30 environ

La veille, mettre les haricots à tremper dans une bassine d'eau fraîche. Le jour même, éplucher et couper en morceaux les carottes, les navets, l'oignon. Supprimer les graines et la queue du piment rouge.

Dans une marmite, mettre les haricots égouttés, l'os de jambon, les légumes, le piment, le bouquet garni et les gousses d'ail, recouvrir largement d'eau. Porter à ébullition à feu moyen en écumant régulièrement et laisser cuire à petit feu pendant 1 heure.

Pendant ce temps, éplucher les pommes de terre, les couper en morceaux, préparer le chou en coupant le trognon et en supprimant les grosses côtes des feuilles. Couper ces dernières en larges lanières.

Au bout de 1 heure de cuisson de la garbure, ajouter les lanières de choux et les pommes de terre pendant 1/2 heure.

Au bout de ce temps, compléter la soupe en mettant le morceau de confit avec toute sa graisse bien au fond du faitout. Cuire encore 1/2 heure.

Allumer le four à température douce.

Au terme de la cuisson, sortir les viandes et les légumes de la marmite. Supprimer le piment et le bouquet garni. Couper les viandes en morceaux, les disposer dans un plat creux, ajouter les légumes, compléter avec un peu de bouillon. Mettre au chaud dans le four.

Tailler si on le souhaite quelques fines lamelles dans un pain de campagne rassis et les disposer au fond de la soupière. Verser le bouillon, vérifier l'assaisonnement en sel et en poivre (le piment n'ayant peut-être pas suffi) et servir bien chaud.

Présenter ensuite les viandes et les légumes.

HOCHEPOT (Flandre)

C'est la potée flamande par excellence... et une solide soupe constituant à elle seule tout un repas, donc bien commode pour une grande tablée.

Proportions pour 8 à 10 personnes

Le bouillon de départ : 2 kg d'os de bœuf, 2 branches de thym, 2 feuilles de laurier, feuilles de céleri branche, le vert de 4 poireaux, 7 dl d'eau. *Les viandes* : 1,250 kg de plat-de-côtes, 500 g de lard demi-sel, 4 pieds de porc crus bien nettoyés, 1 épaule d'agneau de 1,500 kg, 16 petites chipolatas. *Les légumes* : 1 beau chou vert, 500 g de choux de Bruxelles, 2 grosses carottes, 5 ou 6 navets, un cœur de céleri branche, 4 poireaux, 4 gros oignons, 40 g de beurre, sel, poivre. *Finition* : moutarde.

Préparation : 10 mn (la veille) + 30 à 35 mn (le jour même)
Cuisson : 3 heures (bouillon) + 3 heures en tout (hochepot)

La veille, mettre dans un grand faitout les os de bœuf et l'eau, porter à ébullition. Pendant ce temps prélever le vert de 4 poireaux et les réserver pour le lendemain. Prélever les petites feuilles du cœur de céleri. Éplucher un oignon et le couper en deux. À ébullition, écumer soigneusement et ajouter toute cette garniture aromatique. Régler à petit feu et assurer un bouillonnement régulier pendant 3 heures en écumant de temps en temps. Passer alors ce bouillon à la passoire fine dans un récipient et le mettre au réfrigérateur.

Le jour même, dégraisser le bouillon et le transvaser dans un faitout, le porter à ébullition.

Pendant ce temps, éplucher et couper en gros morceaux les carottes, les navets, les poireaux, le cœur de céleri. Retirer le trognon et les feuilles extérieures du chou vert, faire de même avec les petits choux de Bruxelles. Faire bouillir de l'eau dans deux casseroles et dans chacune plonger pendant 2 mn d'une part le chou vert, d'autre part les choux de Bruxelles, les égoutter et les réserver.

À ébullition du bouillon, plonger le plat-de-côtes, faire reprendre à petits bouillons et, de 30 mn en 30 mn, en faisant repartir l'ébullition à chaque fois et en écumant, ajouter le reste des ingrédients dans l'ordre suivant :

— les pieds de porc ;
— le lard demi-sel, les oignons, le céleri, les carottes, le chou vert ;
— les choux de Bruxelles, l'épaule d'agneau, les navets, les poireaux.

Continuer 30 mn de plus.

Allumer le four à température tiède et, à l'aide d'une écumoire, retirer toutes les viandes du faitout et les déposer sur la plaque du four, les couvrir d'un papier alu et les tenir au chaud. Maintenir la petite ébullition du bouillon et de ses légumes et rectifier l'assaisonnement en sel et en poivre.

Dans une poêle antiadhésive à feu vif, faire blondir le beurre, ajouter les petites chipolatas et, en les tournant de tous côtés, les faire rissoler pendant 5 à 6 mn, les retirer de la poêle sans leur graisse et les tenir au chaud.

Préparer pour chaque convive de grandes assiettes chaudes. Reprendre les viandes, les découper en comptant un morceau de chaque espèce par personne et les disposer sur un grand plat. Verser le bouillon et ses légumes dans une soupière chaude.

Chaque convive se servira de toutes les viandes, versera dessus du bouillon très chaud et des légumes et n'oubliera pas de relever sa soupe d'un peu de moutarde. Cette touche finale est indispensable pour déguster le hochepot dans les règles.

PETIT SALÉ AUX FARCIDURES (Limousin)

Une potée limousine faisant fonction de repas complet et facile donc à servir à des invités amateurs de plats rustiques.

Proportions pour 8 à 10 personnes

1 palette de porc demi-sel, 1 petit jambonneau demi-sel, 300 g de poitrine de porc demi-sel, 1 beau chou pommé, 3 oignons, 3 ou 4 carottes, 3 ou 4 navets, 2 feuilles de laurier, 1 brindille de thym, 1 branche de persil, 3 clous de girofle. *Farcidures* : 8 à 10 grandes feuilles de chou, 1 oignon, 2 gousses d'ail, 200 g de farine de blé noir, 3 belles poignées de verdure mélangée (laitue, oseille, épinards, blettes, ce que l'on a), persil frisé, 3 œufs, 250 g de lard gras frais. *Facultatif* : croûte de baguette en morceaux.

Préparation : 5 mn (la veille) + 40 mn environ (le jour même)
Cuisson : 3 heures (bouillon) + 1 heure (farcidures)

La veille, mettre les viandes demi-sel dans une grande bassine d'eau fraîche en la renouvelant 2 ou 3 fois.

Le jour même, dans un faitout, mettre les viandes, les recouvrir très largement d'eau et porter à ébullition.

Pendant ce temps, éplucher les carottes et les navets, les couper en lames dans le sens de la longueur. Éplucher l'ail et les oignons, en piquer un de 3 clous de girofle. Ficeler le thym, le laurier, le persil. Préparer le chou en supprimant le tronçon. Prélever 8 à 10 belles grandes feuilles et les réserver, couper le reste en 4 à 6 quartiers. Faire bouillir une casserole d'eau. Préparer et nettoyer la verdure, la réserver.

À ébullition des viandes, écumer soigneusement et ajouter tous les légumes préparés, reprendre l'ébullition, la maintenir ensuite à demi-couvert à petits bouillons pendant 2 h 30, poivrer.

Plonger dans la casserole d'eau bouillante les feuilles de chou, les laisser 1 mn, les prendre à l'écumoire, les étaler ensuite sur un torchon et bien les sécher. Dans la même casserole, plonger quelques secondes les feuilles de verdure, bien les sécher aussi sur un torchon.

Passer le lard gras au hachoir électrique, le verser dans un saladier. Hacher finement l'oignon, le mettre aussi dans le saladier, écraser les gousses d'ail épluchées au presse-ail au-dessus du saladier.

Hacher les feuilles de verdure et le persil (la valeur d'une tasse à thé) au hachoir électrique, les ajouter aux ingrédients précédents, mélanger le tout harmonieusement, puis verser la farine de blé noir et les œufs et travailler le tout pour avoir une farce homogène. Si elle semblait trop compacte et difficile à travailler, ajouter quelques cuillerées à soupe de bouillon, la saler, la poivrer convenablement.

Étaler les feuilles de chou réservées sur le plan de travail, répartir la farce dessus, envelopper les petits tas avec la feuille de chou et ficeler ces petits paquets.

Une heure avant la fin de la cuisson de la potée, ajouter les farcidures et faire reprendre la petite ébullition. Au bout de 2 h 30 de cuisson, allumer le four à température tiède. Sortir les farcidures à l'aide de l'écumoire, réserver sur une assiette et les tenir au chaud dans le four. Retirer les légumes et les viandes, couper celles-ci en morceaux et les disposer dans un grand plat avec les légumes. Tenir au chaud. Verser le bouillon et les farcidures dans une soupière chaude sur des tranches de pain si on le souhaite. Proposer aux convives en premier lieu les farcidures et le bouillon.

Servir ensuite les viandes et les légumes.

POTÉE AUVERGNATE

C'est un solide plat complet. On peut commencer par le bouillon et continuer par les viandes et les légumes comme pour un pot-au-feu classique. Étant donné les différentes viandes employées, il est mieux de prévoir la potée pour 8 personnes et si vous n'êtes que 4 ou 6 les viandes froides accompagnées de condiments variés et d'une bonne salade constitueront un excellent repas.

Il est d'usage en Auvergne de verser le bouillon sur des tranches de pain de seigle couvertes de fromage de Cantal émincé. Ce sera fait dans la soupière ou dans l'assiette de chacun... au goût.

Proportions pour 10 personnes

1 palette de porc demi-sel, 500 g de travers de porc demi-sel, 500 g de poitrine de porc maigre, 2 saucissons à cuire, 5 saucisses fumées, 1 beau chou pommé, 5 ou 6 carottes, 3 ou 4 navets, 20 petites pommes de terre (type BF 21 ou Roseval), 2 oignons moyens, 4 clous de girofle, 1 bouquet garni, 1 belle branche de persil, 1 feuille de laurier, 1 branche de thym, 1 cuillerée à soupe de saindoux, sel, poivre, 300 g de pain de seigle coupé en tranches, 200 g de fromage de Cantal.

Préparation : 5 mn (la veille) + 1 heure (le jour même)
Cuisson : 3 heures en tout

La veille, mettre à dessaler toutes les viandes demi-sel dans une grande bassine d'eau fraîche.

Le jour même, sortir les viandes et les passer sous l'eau froide courante. Les mettre dans un grand faitout, recouvrir d'eau froide, ajouter le bouquet garni ficelé, les oignons dont l'un piqué de clous de girofle. Porter à ébullition en écumant régulièrement. Pendant ce temps, éplucher les carottes et les navets, les couper en morceaux. Retirer le tronçon du chou et les grosses feuilles extérieures, le couper en 8 et le laver convenablement en écartant les feuilles.

Les viandes et le bouillon étant arrivés à ébullition, baisser le feu, écumer soigneusement et, au bout de 15 mn, ajouter le chou, les navets, les carottes, la cuillerée à soupe de saindoux, faire reprendre l'ébullition et continuer à petit feu pendant 2 h 30 environ.

Pendant ce temps, éplucher et laver les pommes de terre, piquer de coups d'épingle les saucisses et les saucissons.

30 à 35 mn avant la fin de la cuisson prélever du bouillon dans la

marmite, le verser dans une casserole et y faire cuire les pommes de terre. 30 mn avant la fin de la cuisson mettre les saucissons et les saucisses à cuire dans le faitout.

Au terme de la cuisson de la potée, retirer les viandes, les saucisses et les saucissons à l'aide d'une écumoire et les déposer sur un plat, les trancher et les tenir au chaud dans le four tiède. Garnir le fond d'un grand plat creux des tranches de pain de seigle, les couvrir de fromage de Cantal et verser doucement dessus 2 l de bouillon non passé, donc contenant encore des débris de légumes que l'on attrape avec l'écumoire et que l'on ajoute à la soupe.

Consommer d'abord le bouillon. Servir ensuite les viandes et les légumes tenus au chaud.

POTÉE BRETONNE

Pas de pommes de terre dans celle-ci mais des marrons et un potage lié. C'est aussi un repas complet.

Proportions pour 6 personnes

1 kg de bœuf (plat-de-côte, macreuse), 500 g de châtaignes, 3 à 4 carottes, 2 navets, 2 poireaux, 1 gros oignon, 3 clous de girofle, 1 bouquet garni (céleri, persil, thym, laurier), sel, poivre. *Facultatif* : 3 cuillerées à soupe de crème fraîche, 1 jaune d'œuf, croûtons poêlés (p. 37).

Préparation : 35 à 40 mn Cuisson : 3 h 30

Dans un faitout, mettre la viande, recouvrir largement d'eau froide, porter à ébullition à feu moyen.

Pendant ce temps, faire bouillir une casserole d'eau, plonger les marrons pendant 10 à 15 mn, les égoutter et supprimer les deux peaux. Éplucher l'oignon, le piquer de clous de girofle. Préparer le bouquet garni, éplucher les carottes et les navets, les couper en morceaux. Supprimer le vert foncé des poireaux.

À ébullition de la viande, écumer soigneusement, ajouter l'oignon piqué, le bouquet garni et continuer à faire cuire à petit feu pendant 3 h 30. 1 heure avant la fin de la cuisson, ajouter les carottes, les navets et les marrons, 30 mn après les poireaux. Allumer le four à température tiède.

Verser dans une casserole 2 l de bouillon, le faire réduire d'un bon quart pour le corser, vérifier l'assaisonnement en sel et en poivre.

Sortir la viande à l'aide de l'écumoire, la couper en morceaux. Sortir tous les légumes, supprimer le bouquet garni et les disposer tout autour dans le plat. Mettre au chaud dans le four.

Si on le souhaite, faire la liaison : mélanger le jaune avec la crème fraîche dans un bol. Prendre une cuillerée de bouillon dans la casserole, délayer le mélange crème-jaune, ajouter une autre cuillerée, mélanger puis verser le tout dans le bouillon et à feu doux, en évitant l'ébullition, opérer la liaison pour avoir un potage onctueux. En verser une bonne partie dans le plat de viande, laisser au chaud.

Le repas commencera par du potage en tasse accompagné si on le souhaite de croûtons poêlés. On continuera en mettant dans son assiette de la viande, du bouillon et des légumes bien cuits que l'on écrasera en grossière purée dans le bouillon.

RATE-RATE (Provence)

C'est une vieille soupe toulonnaise constituant un plat complet à base de saucisses et de tranches de pain.

Proportions pour 4 personnes

4 saucisses type Toulouse, 4 tranches de pain de campagne, 1 oignon, 1 belle tomate ou 1 belle cuillerée à soupe de coulis, 2 gousses d'ail, 1 brin de sauge ou 1 brindille de thym, 125 g de fromage râpé, 1 litre d'eau, sel, poivre.

Préparation : 10 mn Cuisson : 25 mn

Piquer les saucisses de coups d'épingle.

Plonger les tomates 30 secondes dans de l'eau bouillante, retirer la peau, la couper en deux, supprimer les graines et l'eau, la couper en morceaux.

Éplucher l'oignon, le hacher finement.

Dans une sauteuse à feu doux, poser les saucisses et leur faire rendre leur gras en douceur en le supprimant au fur et à mesure et en les tournant régulièrement. Quand tout le gras est pratiquement éliminé, ajouter le hachis d'oignon et la tomate. Les faire fondre et revenir soigneusement en relevant le feu. Ajouter les gousses d'ail écrasées avec la paume de la main, la sauge ou le thym. Mouiller avec 1 l d'eau, saler, poivrer, porter à ébullition et laisser bouillir pendant quelques minutes.

Pendant ce temps, déposer dans 4 assiettes creuses chaudes les 4 tranches de pain de campagne. Poser dessus les 4 saucisses et saupoudrer abondamment de fromage râpé.

Supprimer du bouillon les 2 gousses d'ail et le verser très chaud sur le fromage râpé. Servir très vite.

SOBRONADE (Périgord)

Une potée périgourdine à base de porc, de jambon et de haricots secs. Elle demande une longue cuisson et le potage très épais fait plus figure de plat de résistance que de soupe de début de repas.

Proportions pour 6 personnes

900 g de haricots secs, 500 g d'échine de porc, 300 g de jambon fumé, 125 g de lard gras frais, 3 carottes, 3 navets, 2 oignons, 1 tige de céleri, 1 brindille de thym et 1/2 feuille de laurier ficelées en bouquet garni, 3 gousses d'ail, 1 branche de persil frisé, sel, poivre.

Préparation : 5 mn (la veille) + 10 mn (le jour même)
Cuisson : 3 heures à 3 h 30

La veille, faire tremper les haricots dans une bassine d'eau fraîche.

Le jour même, les rincer et les verser dans un faitout. Couper le jambon et le porc en petits morceaux, les mettre aussi dans le faitout. Recouvrir de 5 ou 6 cm d'eau. Ajouter le bouquet garni. À feu doux, porter à ébullition et laisser cuire doucement pendant 1 heure. Écumer régulièrement.

Pendant ce temps, hacher finement le morceau de lard frais et couper les navets en rondelles. Dans une petite poêle à feu doux, faire fondre le hachis de lard frais, y ajouter les rondelles de navets et les faire dorer doucement en les retournant de temps en temps. Au terme de la cuisson, réserver dans la poêle.

Éplucher les carottes et les oignons, les couper en petits dés, les réserver. Prélever les feuilles d'une belle branche de persil, éplucher les gousses d'ail, faire une petite persillade avec l'ail et les feuilles de persil hachées, la réserver.

Au bout de 1 heure de cuisson des viandes et des haricots, verser dans le faitout les légumes préparés, la persillade, le contenu de la poêle, lard et navets. Ajouter éventuellement un peu d'eau chaude pour que le tout soit immergé, reprendre l'ébullition, couvrir et à petit feu faire cuire 2 heures à 2 h 30 de plus. Il doit rester très peu de bouillon, et les viandes et les légumes doivent constituer un mélange très épais.

Pour servir, on peut consommer le peu de bouillon dans des assiettes creuses dans lesquelles on dépose ou non, selon son goût, de minces tranches de pain. Les viandes et les légumes continueront le reste du repas.

SOUPE À L'ÉPEAUTRE (Provence)

L'épeautre est une variété de blé dont le grain est petit et brun. Sa cuisson en est fort longue mais on en est très gourmand en Haute-Provence.

Cette soupe de longue cuisson à base de mouton est en vérité un plat complet.

Proportions pour 5 ou 6 personnes

1 épaule de mouton de 1,500 kg environ, 400 g d'épeautre, 3 à 4 carottes, 1 à 2 navets longs, 1 cœur de céleri en branche, 1 poireau, 1 gros oignon, 1 bouquet garni (persil, thym, laurier), sel, poivre.

Préparation : 30 mn environ **Cuisson : 3 heures environ**

Mettre l'épeautre à tremper la veille. Le jour même, bien le laver.

Poser l'épaule de mouton dans un faitout, la recouvrir avec de l'eau, verser l'épeautre en pluie, porter à ébullition à feu moyen pendant 30 mn environ en écumant et en tournant régulièrement. Saler, poivrer, maintenir à petite ébullition régulière.

Pendant ce temps éplucher les carottes et les navets, les couper en tronçons. Éplucher l'oignon, le garder entier. Supprimer le vert foncé du poireau. Détailler le pied de céleri en retirant les feuilles dures extérieures et en supprimant les fibres et les petites feuilles vertes des tiges tendres. Ficeler le tout en un petit paquet. À ébullition du bouillon soigneusement écumé, ajouter le bouquet garni et l'oignon. Baisser le feu et assurer un petit mijotement régulier pendant 3 heures environ jusqu'à parfaite cuisson de l'épaule et de l'épeautre. Une heure avant la fin de la cuisson, ajouter les carottes et les navets, 30 mn plus tard compléter avec le céleri et le poireau.

Servir la viande coupée en morceaux et les légumes dans un plat creux, les accompagner du bouillon d'épeautre servi en soupière.

SOUPE LORRAINE À LA CHOUCROUTE

Elle se fait au dernier moment et c'est une longue cuisson.

Proportions pour 6 personnes

250 g de choucroute crue, 250 g de poitrine fumée, 2 oignons, 3 à 4 pommes de terre moyennes, 1 cuillerée à soupe de baies de genièvre, sel, poivre. *Facultatif* : 6 petites saucisses au genièvre (spécifique à la région, on peut les trouver dans les magasins spécialisés en produits alsaciens et lorrains).

Préparation : 10 à 15 mn **Cuisson : 2 heures en tout**

Laver la choucroute crue dans une passoire sous l'eau froide courante en l'effeuillant avec les doigts. La presser ensuite entre les mains poignée par poignée pour supprimer toute trace d'humidité. La mettre dans un faitout ainsi que le morceau de poitrine fumée et les baies de genièvre. Mouiller d'eau de façon à ce qu'elle recouvre le tout de quelques centimètres. Porter à ébullition, baisser ensuite et laisser mijoter à petit feu.

Pendant ce temps, éplucher les pommes de terre, les couper en petits dés, les réserver. Éplucher les oignons, les émincer en fines rondelles et dans une petite casserole les faire fondre dans le saindoux à feu doux.

Au bout de 1 h 15 de cuisson du lard et de la choucroute, ajouter les oignons et les pommes de terre et continuer la cuisson encore 35 à 40 mn pour que les pommes de terre soient cuites.

Si on souhaite les employer, piquer les petites saucisses de quelques coups d'épingle et les mettre à pocher dans le bouillon les 15 dernières minutes.

Avant de servir, récupérer le morceau de lard, le couper en tranches et les disposer à part sur un plat chaud ainsi que les saucisses.

Verser la soupe dans une soupière et servir le tout en même temps.

SOUPE LORRAINE AU LARD ET AU FROMAGE

Elle est rustique et goûteuse. Rapide à faire, elle séduira les amateurs de pain trempé.

Proportions pour 4 personnes

1 l de bouillon de bœuf (p. 12), 200 g de poitrine fumée, 75 g d'oignons, 150 g de fromage râpé, 10 cl de crème fraîche épaisse, 4 tranches de pain de campagne.

Préparation : 15 mn Cuisson : 40 à 45 mn

Supprimer la couenne et les cartilages de la poitrine fumée et la couper en petits lardons. Éplucher les oignons, les émincer en rondelles.

Dans une casserole à feu moyen, faire rissoler lentement les lardons de poitrine fumée, les retirer à l'aide de l'écumoire et les remplacer par les oignons : faire fondre ceux-ci en douceur sans qu'ils prennent couleur pendant 10 mn environ. Remettre les lardons, mouiller avec le bouillon, porter à ébullition et laisser cuire ensuite à petit feu pendant 30 à 35 mn.

Pendant ce temps, détailler les tranches de pain et supprimer la croûte. Saupoudrer chaque tranche de gruyère râpé puis couvrir de crème fraîche. Les disposer dans 4 assiettes creuses chaudes.

Au terme de la cuisson de la soupe, verser lentement le bouillon à travers une passoire dans les 4 assiettes pour mouiller doucement le pain, la crème et le fromage. Répartir ensuite les lardons et les oignons récupérés au fond de la passoire et servir bien chaud.

SOUPE DE SOLOGNE AU LAPIN DE GARENNE ET AUX CHAMPIGNONS

Elle vient des Pays de Loire où se chasse volontiers le lapin de garenne et tire tout son mérite de son onctuosité et de son délicieux goût de champignons. C'est une entrée.

Proportions pour 6 personnes

2 l de bouillon de volaille (p. 14), 1 verre de vin blanc sec, 1 jeune lapin de garenne*, 3 oignons, 2 gousses d'ail, 1 bouquet garni (thym, laurier, persil), 350 g de mousserons (à défaut des champignons de Paris), 2 cuillerées à soupe de persil plat, 10 cl de crème fraîche, 2 jaunes d'œufs, sel, poivre.

Préparation : 20 à 25 mn Cuisson : 2 h 30

Dépouiller et vider le lapin ou demander au volailler de le faire et de vous le couper en morceaux.

Éplucher les oignons, les couper en 3 ou 4 morceaux, éplucher la gousse d'ail, préparer le bouquet garni. Mettre tous ces ingrédients aromatiques ainsi que les morceaux de lapereau dans un faitout. Ajouter le bouillon de volaille, porter à ébullition, écumer soigneusement. Régler ensuite à petit feu et laisser cuire jusqu'à ce que la chair du lapin se détache d'elle-même des os (1 à 2 heures selon le lapin de garenne).

Au bout de ce temps, transvaser le tout dans une autre casserole à travers une fine passoire. Réserver le jus de cuisson. Dans la passoire récupérer et supprimer le bouquet garni. Débarrasser la viande de tous ses os, la broyer ensuite au mixer avec l'ail et les oignons : on doit obtenir une fine purée.

Nettoyer convenablement les mousserons ou les champignons de Paris et sans les cuire les hacher finement, en réserver deux cuillerées à soupe et mélanger le reste à la purée de lapin. Vérifier l'assaisonnement en sel et en poivre et verser le tout dans la casserole de jus de cuisson réservé en tournant avec la cuillère pour obtenir une purée claire. Remettre sur le feu, porter à ébullition, couvrir et laisser mijoter doucement pendant 1/4 d'heure.

---

* À défaut de lapin de garenne, un lapin domestique fera très bien l'affaire.

Pendant ce temps, hacher finement des feuilles de persil plat (2 cuillerées à soupe) et les mélanger au petit hachis de champignons réservé. Dans un bol, mélanger la crème fraîche et les jaunes d'œufs.

Au dernier moment, verser 1 cuillerée à soupe du potage dans le bol de crème fraîche, mélanger, recommencer la même opération, puis verser le tout dans la casserole pour faire la liaison et avoir un potage onctueux. Éviter surtout l'ébullition et, avant de servir, verser le petit hachis réservé, mélanger, vérifier l'assaisonnement en sel et en poivre.

SOUPES DIVERSES

POTAGE ALSACIEN AUX « RIVELE »

Un potage facile à faire au dernier moment quand on a déjà un bon consommé.

Proportions pour 4 personnes

1 l de consommé de bœuf (p. 18), 10 cl de crème fraîche épaisse, 1 jaune d'œuf. *Rivele* : 125 g de farine, 2 œufs, sel, poivre, un peu de muscade, 1/2 tasse à thé de persil et de cerfeuil hachés par partie égales.

Préparation : 20 à 25 mn Cuisson : 10 mn

Mettre le consommé à chauffer dans une casserole et préparer les rivele.

Dans une terrine, mettre la farine avec du sel, du poivre et de la muscade, la creuser en fontaine, mettre les œufs entiers dans le creux et du bout des doigts ramener la farine de l'extérieur vers l'intérieur pour la mélanger aux œufs, la pétrir ensuite pour avoir une pâte homogène. La prendre ensuite entre la paume pour la rouler et l'étirer de façon à former des gros macaronis de 4 à 5 cm de long.

Quand le consommé est arrivé à ébullition, y jeter les rivele en tournant avec la cuillère pour qu'ils ne se collent pas entre eux et à la reprise de l'ébullition les laisser cuire pendant 10 mn environ.

Pendant ce temps, hacher finement des feuilles de persil et de cerfeuil de façon à en avoir la valeur de 1/2 tasse à thé. Mélanger la crème fraîche et le jaune d'œuf dans un bol.

Au terme de la cuisson des rivele, verser une cuillerée à soupe de bouillon dans le mélange crème-jaune d'œuf, délayer, en verser une autre. Verser le tout dans la soupe en tournant à feu doux pour opérer la liaison et avoir une consistance crémeuse. Éviter surtout l'ébullition.

Terminer en mélangeant les herbes hachées avant de verser la soupe dans une soupière chaude et de servir.

Remarque : *Sans liaison à la crème et au jaune d'œuf en conservant seulement le consommé et les herbes hachées on peut remplacer les rivele par des noques, autre garniture alsacienne très classique.*

Les noques *: 50 g de farine, 2 œufs, 1 poignée de mie de pain émiettée finement, sel, poivre, muscade.*

Avec ces éléments faire une pâte consistante et la former en grosses billes. On les met à pocher dans l'eau bouillante salée pendant 8 à 10 mn. Elles sont prêtes quand elles flottent à la surface. Bien égouttées, on les verse dans le consommé bouillant au dernier moment.

POTAGE LORRAIN AUX ŒUFS

Il se fait au dernier moment.

Proportions pour 4 personnes

4 œufs, 50 g de beurre, 2 tranches de pain de mie ou de pain ordinaire rassis, sel, poivre, 1 l d'eau.

Préparation : 5 mn Cuisson : 10 mn en tout

Décroûter le pain de mie ou le pain ordinaire, le débiter en petits dés et faire des petits croûtons poêlés (p. 37).

Porter à ébullition 1 l d'eau, battre en omelette les œufs, saler, poivrer.

À ébullition de l'eau, faire tomber les œufs dans la casserole et laisser cuire quelques minutes à feu doux sans cesser de fouetter. Vérifier l'assaisonnement en sel et en poivre.

Mettre les petits croûtons dans la soupière et verser le bouillon. Servir avant que les croûtons ne se détrempent trop.

On peut aussi, mais c'est moins régional, présenter les petits croûtons à part sur une assiette et chacun s'en servira à sa guise.

RÔTIE POITEVINE

Froide, elle est à mes yeux plus agréable à déguster. C'est en quelque sorte une sorte de panade au vin rouge sucré considérée comme reconstituante... et stimulante puisque autrefois elle était servie aux mariés le soir de leurs noces.

Proportions pour 4 personnes

4 tranches de pain de campagne de 1 bon centimètre d'épaisseur, 3/4 l de vin rouge, 3 cuillerées à soupe de sucre. *Facultatif mais souhaitable* : cannelle en poudre.

Préparation : 5 mn **Cuisson : 20 à 30 mn**

Allumer le four en position gril. Couper les tranches de pain, supprimer la croûte, les faire griller des deux côtés.

Déposer les tartines dans une casserole, les mouiller avec le vin rouge et l'eau. Ajouter une pincée de sel, le sucre en poudre et si on le souhaite une bonne grosse pincée de cannelle en poudre. Couvrir la casserole et faire chauffer à petits bouillons pendant environ 1/2 heure jusqu'à ce que tout le liquide soit absorbé par le pain qui doit avoir beaucoup gonflé. Transvaser dans un récipient.

Laisser refroidir et servir en été comme dessert ou en début de repas.

SOUPE ALSACIENNE À LA BIÈRE

C'est une soupe très typique de la région, elle est de courte cuisson et on la fait au dernier moment.

Proportions pour 4 personnes

1 l de bouillon de volaille (p. 14), 1 oignon, 2 dl de bière légère, 175 g de mie de pain, 10 cl de crème fraîche épaisse, 30 g de beurre, sel, poivre, un peu de poudre de cumin.

Préparation : 10 mn **Cuisson : 35 mn environ**

Émietter finement la mie de pain rassis, la mettre dans un bol et la mouiller avec la bière. Éplucher et hacher grossièrement l'oignon.

Dans une sauteuse mettre à chauffer le beurre à feu moyen, ajouter l'oignon haché et à couvert le faire ramollir en douceur pendant une dizaine de minutes.

Faire chauffer le bouillon de volaille. À ébullition, le verser sur l'oignon fondu, salé et poivré dans la sauteuse. Ajouter la mie de pain trempée à la bière et bien mélanger. Porter à ébullition et laisser bouillir gentiment et en tournant de temps en temps pendant 20 mn environ.

Au bout de ce temps, retirer la soupe du feu, lui mélanger la crème fraîche et la parfumer à votre goût avec un peu de cumin.

Servir soit dans une soupière chaude soit dans des assiettes creuses chaudes.

Remarques : *On peut si l'on veut passer la soupe au tamis : elle aura certes un côté plus élégant mais on pourra regretter le caractère rustique et régional.*

SOUPE À LA BERRICHONNE

Une riche et onctueuse panade à servir en entrée et qui se fait au dernier moment.

Proportions pour 4 personnes

1 l de bouillon de pot-au-feu dégraissé (p. 12), 4 tranches de pain de campagne, 12 cl de crème fraîche épaisse. *Finition* : 8 cuillerées à soupe de bouillon, 4 noix de beurre ou 4 cuillerées à café de crème fraîche, persil plat ou civette.

Préparation : 7 à 8 mn Cuisson : 1 heure en tout

Verser le bouillon dans une casserole, porter à ébullition et à découvert le faire « bouillotter » pour qu'il réduise à peu près de moitié et qu'il prenne un bon goût corsé. Vérifier alors l'assaisonnement en sel et en poivre.

Préchauffer le four à température chaude.

Couper 4 tranches de 1 bon centimètre d'épaisseur dans un pain de campagne, supprimer la croûte, les disposer dans une soupière pouvant aller au four. Tartiner le pain avec la crème fraîche.

Réserver 8 cuillerées à soupe de bouillon et doucement verser le reste sur les tranches de pain crémées. Bien couvrir la soupière avec un couvercle (à défaut du papier alu). Mettre au four pendant 40 à 45 mn de façon que le pain absorbe la presque totalité du liquide et gonfle en remplissant quasiment la soupière. On a ainsi une soupe très épaisse.

Chauffer 4 assiettes creuses, répartir cette sorte de panade dans les assiettes, verser dessus le bouillon réservé, terminer avec une noix de beurre ou une cuillerée à café de crème fraîche. Décorer avec des petites pluches de persil plat ou de la civette ciselée (petits tronçons à faire aux ciseaux).

SOUPE DE CHÂTAIGNES à la manière corse

Comme dans beaucoup de provinces de France il y a beaucoup de châtaigniers en Corse. C'était autrefois un peu partout à travers le pays l'élément unique et consistant du repas suivi d'un bout de fromage et d'un quignon de pain.

C'est dire une fois de plus qu'un peu partout chacun accommodait ses marrons à sa façon. Voici celle-ci, qu'autrefois en tout cas, on mangeait en Corse.

Elle peut se faire à l'avance et se réchauffer.

Proportions pour 4 personnes

500 g de marrons, 1 morceau de couenne de porc, 1/2 l de lait (en Corse le plus souvent de chèvre), 1 brin de romarin, sel, poivre.

Préparation : 30 mn Cuisson : 1 bonne heure

Dans une casserole d'eau bouillante jeter les châtaignes et les y laisser 10 à 15 mn. Les égoutter. Dès qu'elles sont moins chaudes, les éplucher : normalement les deux peaux doivent s'enlever facilement mais convenons que c'est une opération assommante aussi décidons qu'une grande boîte de marrons déjà épluchés peut aussi faire l'affaire...

Dans une casserole, porter à ébullition 1 l d'eau, ajouter les châtaignes, le morceau de couenne de porc, le brin de romarin, du sel, du poivre. Laisser mijoter à couvert pendant à peu près 1 heure — moins pour des marrons en boîte. Les châtaignes doivent être bien moelleuses.

Les égoutter, supprimer la couenne et le brin de romarin, les passer au mixer ou au moulin à légumes. Verser cette fine purée dans une casserole, ajouter le lait chaud petit à petit pour la délayer convenablement. Remettre sur le feu doux en remuant pendant 10 mn.

Servir bien chaude.

Remarque : *J'aurais bien tendance quant à moi à ajouter en fin de parcours un bon morceau de beurre mais ce ne serait pas corse du tout... enfin, choisissez !*

SOUPE CHAUDE AUX GUIGNES (Alsace)

Un dessert alsacien qui se fait au dernier moment.

Proportions pour 4 personnes

500 g de cerises très noires dites guignes, 60 g de beurre, 1 cuillerée à soupe rase de farine, 3/4 l de vin rouge, 175 g de sucre, 4 bonnes cuillerées à soupe de petits croûtons poêlés (p. 37).

Préparation : 20 mn environ **Cuisson : 30 à 35 mn**

Supprimer les tiges des cerises, les dénoyauter au-dessus d'un saladier pour ne pas perdre le jus.

Dans une casserole, mettre le beurre à blondir à feu moyen. À l'aide d'une écumoire, verser les cerises dans la casserole, les saupoudrer de farine et les faire revenir quelques instants en les tournant en tous sens. Mouiller avec le jus du saladier, le vin rouge et le sucre. Faire bouillonner le tout pendant 10 mn en tournant en tous sens. Laisser ensuite mijoter à petits bouillons pendant 30 mn environ.

Pendant ce temps, préparer et faire sauter les petits croûtons poêlés. Les verser dans une soupière chaude et compléter la soupe en ajoutant les cerises et le jus.

Déguster bien chaude.

Remarque : *On peut si l'on préfère présenter à part les petits croûtons et chacun fera ce qu'il voudra dans son assiette.*

SOUPE AUX FÈVES À LA PROVENÇALE

La cuisson est courte, mais la préparation est longue car il est indispensable après les avoir écossées de retirer la petite peau des fèves. Cette soupe se fait au dernier moment.

Proportions pour 4 personnes

2 kg de fèves non écossées, 1 oignon, 4 tranches de pain de campagne, 5 cuillerées à soupe d'huile d'olive, 1 l de bouillon de volaille (p. 14) ou d'eau, sel, poivre, 1 brindille de thym.

Préparation : 45 mn environ   Cuisson : 20 à 25 mn

Écosser les fèves, les plonger 1 mn dans de l'eau bouillante, les égoutter et à l'aide d'un petit couteau retirer la petite peau à partir du germe.

Éplucher et hacher l'oignon. Dans une casserole mettre à chauffer une bonne cuillerée à soupe d'huile d'olive à feu moyen, ajouter l'oignon haché et le faire fondre en douceur pendant 7 à 8 mn sans prendre couleur. Dans les dernières minutes ajouter les fèves, les tourner en tous sens, couvrir et les laisser suer pendant 2 à 3 mn. Mouiller ensuite avec le bouillon ou l'eau, saler, porter à ébullition et laisser cuire pendant 8 à 10 mn.

Disposer dans des assiettes creuses des tranches de pain de campagne, les arroser avec l'huile d'olive restante. Répartir ensuite le bouillon et les fèves sur les tranches de pain et servir bien chaud après avoir donné 1 ou 2 tours de moulin à poivre sur chaque assiette.

SOUPE À L'IVROGNE (Sud-Ouest)

Elle est très aimée dans le Sud-Ouest. C'est une soupe à base de bouillon de bœuf dont la dégustation se termine par le fameux «faire chabrot». Vous verrez plus loin de quoi il s'agit.

Elle se fait au dernier moment.

Proportions pour 6 personnes

1 l 1/2 de bouillon de bœuf (p. 12), 2 gros oignons, 3 poireaux, 2 gousses d'ail, 4 cuillerées à soupe d'huile, sel, poivre, 1 cuillerée à soupe rase de farine, 6 demi-verres de vin rouge. *Facultatif* : 6 œufs.

Préparation : 10 mn Cuisson : 1 petite heure

Supprimer le vert foncé des poireaux, les couper en rondelles. Détailler les oignons de même façon.

Dans une casserole, mettre l'huile à chauffer à feu moyen-doux. Verser les oignons, les poireaux et les gousses d'ail juste écrasées du plat de la main, et en douceur, à couvert, les faire ramollir complètement pendant 8 à 10 mn. Supprimer les gousses d'ail. Relever le feu, saupoudrer de farine et en tournant de tous côtés faire prendre aux légumes et à la farine une belle couleur blond soutenu. Mouiller avec le bouillon de bœuf froid et en tournant sans cesse porter à ébullition. Baisser le feu, maintenir à petits bouillons, saler et éventuellement écumer.

Si on le souhaite, faire pocher les œufs un par un dans la soupe, les disposer ensuite dans une casserole d'eau chaude non bouillante.

Au bout de 35 à 40 mn de cuisson du bouillon, prendre les œufs un par un à l'aide de l'écumoire et les déposer dans des assiettes creuses chaudes. Verser une louche de bouillon par assiette sur les œufs et servir (réserver un peu de bouillon bien chaud dans une soupière).

Chacun crèvera le jaune d'œuf et mélangera avec le bouillon. Quand son assiette sera presque vide, il remettra un petit peu de bouillon bien chaud et versera alors dedans le vin rouge qu'il avalera très vite. Voilà ce qui s'appelle faire chabrot.

Toute cette dégustation peut se faire sans les œufs en se contentant du bouillon et de ses quelques légumes, avec bien entendu le vin rouge à la fin. Certains mettent des croûtes de pain rassis au fond de l'assiette avant de servir le bouillon.

SOUPE NORMANDE À L'ÉCHALOTE

C'est une soupe simple que l'on fait dans la région d'Avranches et qui a le mérite d'être très rapide à préparer au dernier moment tout en étant bien goûteuse.

Proportions pour 4 personnes

1 l de bouillon de légumes (p. 13) ou d'eau, 10 échalotes (grises de préférence), 4 pommes de terre, 1 petite cuillerée à soupe rase de farine, 50 g de beurre demi-sel, sel, poivre. *Facultatif* : rondelles de pain grillées (p. 37).

Préparation : 15 à 20 mn   Cuisson : 45 mn

Éplucher les échalotes et les pommes de terre. Hacher grossièrement les échalotes. Détailler les pommes de terre en petits dés.

Dans une casserole, à feu doux, faire blondir le beurre, ajouter les échalotes hachées et les faire d'abord fondre et ramollir à couvert en douceur pendant 10 mn à peu près, puis en relevant le feu et à découvert, leur faire prendre une jolie couleur blonde, saupoudrer de farine et en remuant en tous sens faire blondir la farine. Toujours en remuant, mouiller avec 1 l de bouillon de légumes ou d'eau chaude, ajouter les dés de pommes de terre, du sel, du poivre. Porter à ébullition, puis à feu doux laisser mijoter à couvert pendant environ 30 mn. Les pommes de terre doivent être cuites mais non défaites.

Verser le tout dans une soupière chaude et ajouter un bon morceau de beurre demi-sel, vérifier l'assaisonnement en sel et en poivre.

Remarque : *Il est d'usage de garnir le fond de la soupière de rondelles de pain grillées avant de verser la soupe : cela ne m'a pas semblé indispensable ou plutôt je suggère de présenter le pain grillé à part sur la table et chacun fait ce qu'il veut dans sa propre assiette.*

On peut aussi passer cette soupe au mixer, on la fait réchauffer et on dépose au fond de la soupière chaude une bonne cuillerée à soupe de crème fraîche. On verse le potage et on mélange avant de servir. Dans ce cas-là le morceau de beurre frais est inutile.

SOUPE AU PISTOU DE BABETTE (Provence)

Sans doute d'origine génoise, elle est devenue provençale à part entière. Mais il en est de cette soupe comme pour beaucoup de plats régionaux : chacune en tient pour sa recette, convaincue de faire la meilleure.

Babette, une Provençale vrai de vrai de la région de Carpentras, m'a fait le plaisir de me faire goûter sa soupe au pistou, je peux vous assurer qu'elle est plus que délicieuse, un régal absolu. Voici sa recette et j'ajouterai que réchauffée, cette soupe n'en est que meilleure. Aucune raison donc de ne pas la faire en considérant que c'est une solide entrée ne demandant que du léger, léger pour la suite du repas.

Proportions pour 6 à 8 personnes

300 g de haricots blancs frais écossés*, 300 g de haricots rouges écossés*, 300 g de haricots verts, 300 g de courgettes, 3 pommes de terre moyennes, 300 g de carottes, sel, poivre, 2 l d'eau. *Facultatif* : la moitié d'un jambonneau conservé entier, sans panure (Babette le met toujours), 150 g de coquillettes. *Pistou* : 1 plant de basilic** moyen, 8 gousses d'ail moyennes, 2 tomates moyennes, 1 cuillerée à café de concentré de tomate, 1/4 l d'huile d'olive, sel, poivre.

Préparation : 1 heure environ Cuisson : 35 à 40 mn

Écosser des haricots blancs et rouges pour en avoir la quantité voulue. Effiler les haricots verts, les couper en 3 ou 4 morceaux selon leur longueur. Éplucher les autres légumes, les détailler en petits morceaux.

Mettre le tout dans la casserole avec, si on le souhaite, la moitié du jambonneau (il est juste là pour donner du goût). Recouvrir de 2 litres d'eau, saler, poivrer, porter à ébullition et laisser cuire de 35 à 40 mn jusqu'à ce que les pommes de terre soient bien cuites — elle donnent du liant.

Pendant ce temps, préparer le pistou : hacher les bouquets de basilic,

---

* Dans cette recette Babette emploie des haricots frais parce qu'ils le sont au moment où le basilic prolifère en Provence sur les marchés. Si vous voulez faire cette recette en hiver vous emploierez bien sûr des haricots secs mis à tremper la veille.

** Le basilic : en Provence on le trouve en pots sur les marchés et c'est une variété à petites feuilles délicieusement aromatique. En ville, vous trouverez plutôt des branches d'un basilic à larges feuilles que vous prélèverez de façon à en avoir une bonne grosse poignée à hacher.

éplucher les gousses d'ail, plonger les tomates 30 s dans l'eau bouillante pour en retirer facilement la peau, en supprimer convenablement les graines, les concasser grossièrement, les mettre dans le mixer avec le concentré de tomate, l'ail et le basilic. Broyer le tout et verser dans un bol. Terminer le pistou en liant cette purée avec l'huile d'olive versée petit à petit, comme pour une mayonnaise. Saler et poivrer.

Quelques minutes avant de verser la soupe, sans le jambonneau, dans la soupière, lui ajouter en mélangeant 3 à 4 grosses cuillerées à soupe de pistou. Verser le reste dans un petit récipient et préparer un bol de gruyère râpé.

À table, dans son assiette, chacun ajoutera du pistou et du fromage râpé à son gré.

Babette ne met pas de coquillettes : elle a raison, le potage est plus fin, plus goûteux, mais chacune faisant ce qui lui plaît, en l'occurrence, les mettre dans la soupe en fin de cuisson pour qu'elles soient cuites à point.

SOUPE SUCRÉE À LA BIÈRE (Alsace)

Elle se fait rapidement au dernier moment.

Proportions pour 4 personnes

3/4 l de bière blonde, 130 g de sucre, zeste de citron, 20 cl de crème fraîche épaisse, 3 jaunes d'œufs, 4 tranches de pain de mie brioché ou de brioche, un peu de cannelle en poudre et de « quatre-épices ».

Préparation : 5 mn Cuisson : 15 à 20 mn

Dans une casserole, mettre le sucre, la bière et la valeur de 1 cuillerée à café de zeste de citron obtenu en râpant la peau d'un citron en tout petits copeaux. Porter à ébullition en remuant pour fondre le sucre et laisser « bouillotter » pendant 10 mn environ.

Pendant ce temps supprimer la croûte du pain de mie brioché ou couper 4 tranches de 1 bon centimètre d'épaisseur dans une brioche mousseline de chez le pâtissier et les faire griller légèrement. Disposer chaque tranche dans 1 assiette creuse et les saupoudrer de cannelle et de « quatre-épices ».

Dans un bol mélanger la crème fraîche et les jaunes d'œufs.

Au bout des 10 minutes d'ébullition de la bière sucrée, baisser le feu à très doux. Verser dans le bol 1 cuillerée à soupe de liquide, délayer puis recommencer 1 ou 2 fois avant de verser le tout dans la casserole en tournant quelques instants, surtout sans ébullition pour que la soupe devienne bien onctueuse.

La répartir ensuite sur les tranches de brioche dans chaque assiette et servir chaud.

LES TOURINS

Ce sont des soupes du Sud-Ouest à base de légumes, bien peu riches mais néanmoins rendues plus nourrissantes par l'apport de farine ou de pâtes et bien sûr versées pour la plupart sur les inévitables tranches de pain que l'on peut à mon avis présenter à part pour que chacun en se servant puisse faire ce qui lui plaît.

TOURIN BLANCHI

Il se fait rapidement au dernier moment.

Proportions pour 8 personnes

20 g d'ail frais, 1 cuillerée à soupe de graisse d'oie (ou de saindoux), 1 brindille de thym frais, 1 œuf, 1 cuillerée à soupe de vinaigre ou de verjus*, sel, poivre, 2 l d'eau, 8 fines tranches de pain rassis.

Préparation : 15 à 20 mn Cuisson : 30 mn environ

Éplucher les gousses d'ail, les couper en fines lamelles.

Dans une sauteuse ou une casserole à fond épais, faire fondre et chauffer la graisse, ajouter les lamelles d'ail et les faire dorer de tous côtés. Mouiller avec l'eau, ajouter la brindille de thym, du sel, du poivre et laisser cuire à petite ébullition pendant 10 mn.

Couper dans un gros pain des tranches fines : soit les mettre dans la soupière légèrement poivrées, soit les faire légèrement griller pour les présenter à part.

Casser un œuf, conserver le jaune dans un bol et faire cuire le blanc dans le bouillon soit en le laissant durcir dans la louche — et on le coupera ensuite en petits morceaux avant de le remettre dans le bouillon —, soit en le jetant dans le bouillon et en fouettant pour le faire durcir en filaments. C'est une question de goût.

Dès que le blanc a durci, délayer le jaune avec le vinaigre ou le verjus, ajouter un peu de bouillon et verser dans le tourin en mélangeant

* Le verjus est simplement du jus de raisin vert.

tout en retirant la casserole du feu pour éviter l'ébullition qui ferait rater la liaison.

Verser le bouillon dans la soupière avec ou sans les tranches de pain et servir aussitôt.

TOURIN À LA TOMATE

Il peut se manger chaud l'hiver avec des petites pâtes et fait au dernier moment. Glacé l'été, parfumé de basilic frais et fait le matin pour le soir.

Proportions pour 4 personnes

2 ou 3 oignons, 1 gousse d'ail, 1 cuillerée à soupe de graisse d'oie, 250 g de tomates, 4 bonnes cuillerées à soupe de vermicelle fin ou 4 cuillerées à café de basilic haché, 1 l d'eau.

Préparation : 10 à 15 mn Cuisson : 30 à 35 mn

Émincer les oignons, couper les tomates en quartiers. Retirer les graines.

Dans une casserole, faire fondre et chauffer la graisse d'oie à feu moyen, ajouter les oignons émincés, les laisser d'abord fondre et ramollir en douceur puis, en relevant un peu le feu, leur faire prendre une belle couleur blonde. Ajouter les tomates, la gousse d'ail écrasée au presse-ail, mélanger et laisser réduire les tomates à bon feu pendant 10 mn environ. Mouiller avec l'eau, poivrer fortement, saler et laisser cuire 10 mn de plus.

Passer le potage au mixer, le verser à nouveau dans la casserole à travers une passoire. Porter de nouveau à ébullition et jeter le vermicelle en pluie, laisser cuire quelques minutes selon le temps de cuisson indiqué sur le paquet.

Servir bien chaud.

Si on le veut glacé, faire la même préparation et tenir le potage au froid. Il sera servi dans des bols à bouillon ou dans des assiettes creuses et parfumé de basilic frais haché mis au dernier moment.

IV

Soupes et potages d'ailleurs

D'Europe, d'Asie, d'Amérique, d'Afrique du Nord, voici quelques potages étrangers. Les uns très classiques, tels le gaspacho, le minestrone, le waterzoi, sont connus de tous et de toutes et ne surprendront pas. D'autres sont plus inhabituels. Tous ont été choisis parce qu'ils ne peuvent offenser nos papilles mais au contraire les amuser par des saveurs différentes.

Aucun n'est difficile à faire et tous les produits employés se trouvent souvent dans les grandes surfaces, en tout cas dans les boutiques spécialisées. Je vous les propose enfin parce que je les trouve bons, ce qui me semble une excellente raison.

Inutile d'ajouter que cette liste est loin d'être exhaustive, elle est juste l'objet d'un choix.

AVGHOLEMONO DE POULET (Grèce)

C'est une poule-au-pot au riz, terminée par une liaison très particulière d'œufs et de citron qui donne une consistance crémeuse au bouillon. Soupe-plat complet, elle se fait au dernier moment.

Proportions pour 4 ou 5 personnes

1 poule, 1 oignon, 2 gousses d'ail, 1 brindille de thym, 1 branche de céleri, 6 cuillerées à soupe de riz, bouillon de volaille (p. 14) ou instantané, 3 jaunes d'œufs, 1 gros citron ou 2 moyens, sel, poivre.

Préparation : 10 mn Cuisson : 2 h 20 environ

Faire préparer la poule par le volailler. Éplucher l'oignon, le couper en rondelles.

Dans un faitout, mettre la poule, l'oignon, les gousses d'ail, le céleri, la brindille de thym, couvrir largement de bouillon de volaille. Porter à ébullition, écumer et continuer à petit feu pendant 2 heures environ, ou plus ou moins selon la qualité de la poule. Quand elle est tendre, la retirer du faitout en l'égouttant bien et la mettre au chaud dans le four tiède, recouverte d'un papier alu. Dans une casserole, mettre 1 l 1/2 de bouillon de cuisson, porter à ébullition, ajouter le riz et le laisser cuire pendant 20 à 25 mn.

Pendant ce temps, retirer la peau de la poule, détacher la chair des os et la découper en morceaux de la taille d'une bouchée. Les disposer dans un plat creux, recouvrir de papier alu et tenir au chaud dans le four.

Au terme de la cuisson du riz, battre les jaunes d'œufs avec le jus de citron dans un bol, les délayer petit à petit avec du bouillon de cuisson et verser le tout dans la casserole en remuant constamment jusqu'à obtenir une consistance crémeuse, sans ébullition. Vérifier l'assaisonnement en sel et en poivre.

Sortir la poule du four, verser la soupe dans le plat, et servir bien chaud.

Remarque : *Plus sobrement, on peut faire exactement ce même potage sans poule avec seulement du bouillon, du riz, et la liaison aux jaunes et au citron, on a alors un avgholemono simple.*

BORCHTCH (Russie)

C'est le potage russe par excellence. Il se sert accompagné souvent de petits pâtés de viande, les pirojki, et toujours d'une saucière de crème aigre, il est à base de betteraves rouges crues et exige une longue cuisson.

Proportions pour 4 à 5 personnes

500 g de betteraves rouges crues, 3 cuillerées à soupe de sucre semoule, 1 cuillerée à soupe de vinaigre, 1 kg de gîte de bœuf, 1 saucisson de Morteau, 3 ou 4 carottes, 2 à 3 poireaux, le cœur d'un chou blanc, 3 oignons, 3 tomates, 1 brindille de thym, 1/2 feuille de laurier, sel, poivre, eau, 1 saucière de crème aigre*.

Préparation : 30 à 40 mn **Cuisson : 4 h 30 en tout**

Éplucher la betterave, la couper en petits dés, la mettre dans un plat creux avec le sucre et le vinaigre. Laisser macérer pendant 30 mn en la remuant une ou deux fois.

Pendant ce temps, éplucher et laver les légumes, les préparer : couper les carottes en quatre dans le sens de la longueur, débiter le cœur de chou du bout à la racine en fines rondelles, les dérouler avec les doigts pour avoir de fines lanières. Émincer en rondelles les oignons et le poireau. Plonger les tomates 30 s dans l'eau bouillante, retirer la peau, les couper en quatre, supprimer les graines.

Les betteraves ayant suffisamment macéré, les mettre dans une casserole, ajouter 1/2 l d'eau, porter à ébullition à feu doux ; à ce moment-là, les égoutter en réservant le jus dans un récipient.

Dans un faitout, faire bouillir 3 à 4 l d'eau, mettre la viande, écumer. Ajouter ensuite tous les légumes préparés, du thym, du laurier, les dés de betteraves. À petits bouillons et à couvert cuire pendant 3 h-3 h 30. Puis, ajouter le saucisson, le jus réservé des betteraves et laisser cuire 30 mn de plus.

Au terme de la cuisson, sortir la viande avec une écumoire, la couper en petits dés, prendre le saucisson, le couper en rondelles. Mettre le tout au fond d'une soupière chaude, ajouter tous les légumes.

* On la trouve toute prête dans les magasins spécialisés. À défaut, on peut la remplacer par de la crème fraîche additionnée de jus de citron.

Compléter avec du bouillon bien chaud et servir le borchtch avec une saucière de crème aigre que chacun ajoutera dans son assiette comme il lui plaira.

Facultatif : *On peut aussi accompagner le potage de pirojki. On les trouve tout faits dans les magasins de produits russes. On les fait chauffer au four avant de les servir avec le potage.*

BUSECCA (Suisse tessinoise)

Ce serait une soupe au pistou dans laquelle on ajoute des tripes déjà cuites et assaisonnée au dernier moment d'un « pesto » à base de lard. Il vaut mieux en prévoir une grande quantité et les tripes lui confèrent un statut de plat unique. Réchauffée, elle est tout aussi bonne.

Proportions pour 10 personnes

500 g de tripes déjà cuites (chez le tripier), 60 g de haricots blancs secs, 1 brindille de thym, 1 feuille de laurier, 3 oignons, 4 poireaux (le blanc et le vert clair), 4 carottes, 1/4 d'un chou blanc pommé, 1 morceau de 100 g de céleri-rave, 5 pommes de terre moyennes type Bintje, 2 à 3 tomates moyennes, 1 cuillerée à soupe de concentré de tomate, parmesan râpé, 2 à 3 l de bouillon de bœuf (p. 12). *Pesto* : 60 g de lard frais, 3 gousses d'ail, 1 poignée de feuilles de basilic, 3 à 4 feuilles de sauge fraîche, 1 cuillerée à soupe de feuilles de thym frais.

Préparation : 1 heure Cuisson : 1 heure (haricots) + 35 à 40 mn

La veille, faire tremper les haricots.

Le jour même, faire précuire les haricots 30 mn dans de l'eau avec 1 brindille de thym, le laurier, du sel. Les égoutter, les réserver. Pendant cette cuisson, émincer les oignons en fines rondelles, détailler les autres légumes en gros bâtonnets. Mettre à part les pommes de terre. Peler les tomates, supprimer les graines et l'eau de végétation, les concasser grossièrement dans un bol.

Dans un faitout mettre à fondre 80 g de beurre à feu moyen, ajouter tous les légumes sauf les pommes de terre. Les faire étuver et ramollir à couvert pendant 10 à 15 mn en les tournant de temps en temps. Pendant ce temps, détailler les tripes en grosse julienne. Dès que les légumes ont convenablement étuvé, ajouter les tomates concassées, la purée de tomates, le bouillon. Mélanger le tout, ajouter les tripes et les haricots. Porter à petite ébullition, saler, poivrer et faire cuire à feu doux pendant 30 mn.

Pendant ce temps, préparer le pesto : hacher très finement le basilic, la sauge et le lard, écraser les gousses d'ail, recueillir les feuilles de thym en froissant les tiges, mélanger le tout en pilonnant pour avoir une sorte de pâte.

Au dernier moment, juste avant de servir, ajouter d'abord 2 cuillerées à soupe de bouillon dans le pesto puis verser le tout dans la marmite, vérifier l'assaisonnement en sel et en poivre.

Servir ensuite dans une soupière chaude et accompagner de parmesan râpé présenté à part, dont chacun se servira à son gré.

CALDEIRADA (Portugal)

Ce serait l'équivalent portuguais de notre bouillabaisse, si ce n'est que s'y ajoutent des calamars, du poivron rouge ou vert, des ameijoes (palourdes). C'est une soupe courte qui est surtout un plat complet. Elle se fait au dernier moment mais on peut préparer les différents éléments à l'avance.

Proportions pour 8 personnes

500 g de petits calamars, 2 douzaines de palourdes, 1 kg de poissons maigres variés (bar, cabillaud, merlan, etc.), 5 à 6 tomates, 3 oignons moyens, 1 poivron rouge, 1 gousse d'ail, 1 brindille de thym, 3 à 4 cuillerées à soupe d'huile d'olive, 1/2 l de vin blanc sec, 1 l d'eau, sel, poivre de Cayenne, persil plat.

Préparation : 40 mn environ   Cuisson : 40 à 45 mn

Faire nettoyer les poissons par le poissonnier, les couper ensuite en tronçons.

Nettoyer les palourdes, les laver à plusieurs eaux, les laisser dans une bassine d'eau fraîche. Allumer le four en position gril, le laisser bien rougir et, pendant ce temps, éplucher et détailler les oignons en rondelles.

Peler les tomates en les plongeant 30 s dans l'eau bouillante, supprimer les graines et concasser grossièrement les tomates dans un récipient.

Supprimer la tige du poivron, l'ouvrir en deux, retirer les fibres et les graines, le mettre sous le gril pour que la peau noircisse et se boursoufle. Le retirer du gril et à l'aide des doigts et d'un petit couteau enlever la peau. Le hacher.

Préparer les calamars en faisant attention de bien ôter la petite poche à encre sans la crever. Les couper en lanières.

Dans une grande sauteuse, mettre l'huile d'olive à chauffer à feu doux, ajouter les oignons, les tomates, le poivron. Les faire revenir en les tournant souvent pendant 20 mn environ pour éliminer l'humidité et obtenir un coulis.

À ce moment-là, mettre à feu vif, ajouter les tranches de poissons et les calamars. Verser le vin blanc et porter rapidement à ébullition en tournant en tous sens pendant quelques minutes. Compléter alors avec l'eau chaude, les palourdes, la gousse d'ail épluchée et écrasée au presse-ail, la brindille de thym. Maintenir une ébullition à petits bouillons et à couvert pendant 15 à 20 mn. Saler, en faisant attention que l'eau des palourdes a déjà salé la soupe, et poivrer avec du poivre de Cayenne.

Pendant la cuisson de la soupe, hacher la valeur d'une tasse à thé de feuilles de persil plat.

Quand la soupe est prête, répartir le poisson, les coquillages, les calamars dans des grandes assiettes creuses. Supprimer la brindille de thym. Verser le bouillon bien chaud et saupoudrer du persil haché.

CHORBA IMA (Liban)

C'est une soupe au riz et aux boulettes de viande légèrement parfumée à la cannelle. On la fait rapidement au dernier moment.

Proportions pour 4 personnes

500 g de mouton pris dans le gigot, 1 oignon moyen, 1 pincée de cannelle, sel, poivre, 50 g de beurre, 1 l d'eau, 1/2 verre de riz, sel, poivre. *Accompagnement* : cannelle en poudre dans un bol, quartiers de citron.

Préparation : 30 à 40 mn Cuisson : 30 mn environ

Hacher finement la viande, faire de même pour l'oignon. Dans un saladier, mélanger convenablement la viande, l'oignon, du sel, du poivre, un peu de cannelle. Constituer ensuite des petites boulettes de la taille d'une noisette.

Dans une sauteuse, mettre le beurre à fondre à feu moyen, ajouter les boulettes, les faire dorer de tous côtés, mouiller avec l'eau. Porter à ébullition, ajouter le riz et laisser cuire pendant 20 ou 25 mn.

Verser dans un plat creux et servir en présentant à part un petit bol de cannelle en poudre et des quartiers de citron dont chacun se servira à son goût pour assaisonner sa soupe.

CLAM CHOWDER (États-Unis)

C'est une soupe de coquillages, les clams, assez semblables à nos palourdes et dont les Américains raffolent. Il en existe toutes sortes de versions, mais les clams sont toujours décoquillés et hachés. La recette présentée ici est rigoureusement classique. Elle se fait au dernier moment mais on peut préparer les clams à l'avance en les mettant au frais dans une boîte hermétique.

Proportions pour 4 personnes

36 clams ou des palourdes, leur jus, 3 ou 4 tranches minces de bacon, 1 oignon moyen, 2 pommes de terre moyennes, 1/2 l d'eau, 1/2 l de crème fraîche liquide, 50 g de beurre, 1 brindille de thym, 1 tasse à café de persil haché.

Préparation : 35 à 40 mn **Cuisson : 35 mn environ**

Brosser et laver convenablement les clams. Dans une marmite, mettre 1/2 verre d'eau, ajouter les coquillages et, sur le feu vif, les faire s'ouvrir pendant 4 à 5 mn en les tournant en tous sens.

Les sortir de la marmite. Recueillir le jus dans un récipient en le filtrant à travers une étamine. Le réserver. Décoquiller les clams, supprimer la partie noire dure (ce que l'on n'a pas à faire avec les palourdes), les hacher grossièrement, les réserver.

Retirer la couenne des tranches minces de bacon, les couper en petits carrés. Éplucher l'oignon, le hacher finement. Hacher le persil.

Éplucher les pommes de terre, les détailler en lames minces. Les mettre à cuire dans 1/2 l d'eau salée pendant 20 à 25 mn avec la brindille de thym.

Dans une sauteuse légèrement graissée de beurre, mettre le bacon à cuire à feu moyen en le remuant régulièrement jusqu'à ce qu'il soit croustillant, le retirer avec une écumoire et le remplacer par l'oignon haché, faire fondre et revenir celui-ci jusqu'à ce qu'il devienne d'un beau blond soutenu.

Dès que les pommes de terre sont cuites, supprimer la brindille de thym, ajouter le bacon et l'oignon, du sel modérément, du poivre, verser le jus filtré des clams. Porter à petite ébullition pendant 5 mn. Ajouter la crème fraîche liquide et porter de nouveau à ébullition. Vérifier l'assaisonnement en sel et en poivre, ajouter les clams hachés quelques secondes, juste pour les chauffer.

Répartir la soupe dans des bols chauds, mettre sur chacun une noisette de beurre, du persil haché et servir.

GASPACHO (Espagne)

Ce potage froid est andalou et délicieux les soirs d'été. On le fait quelques heures à l'avance pour qu'il puisse macérer au frais dans le bas du réfrigérateur.

La plupart des petites garnitures peuvent aussi se faire à l'avance et se conserver à température ambiante dans des boîtes hermétiques.

Proportions pour 4 personnes

5 tomates moyennes, 1 petit concombre, 2 oignons, 1 gousse d'ail, 2 cuillerées à soupe d'huile d'olive, sel, poivre, eau. *Garnitures* : la moitié d'un petit concombre, 1 poivron vert, 2 tomates, 2 oignons, 1/2 tasse à thé de persil haché, civette, 2 tranches de pain de mie de 2 cm d'épaisseur, 3 cuillerées à soupe d'huile d'olive.

Préparation : 15 à 20 mn (potage) + 30 à 35 mn (garniture)

Laver les tomates, les plonger 30 s dans l'eau bouillante, les peler, supprimer les graines et l'eau, et les couper grossièrement en morceaux. Les passer au mixer pour avoir une purée liquide. Verser dans un grand saladier.

Éplucher le concombre avec l'économe, le couper en deux dans le sens de la longueur, retirer les graines. Le couper ensuite en morceaux.

Éplucher les oignons et l'ail, les couper en morceaux. Mettre ensemble dans le mixer concombre, ail et oignons. Broyer finement de manière à avoir une purée liquide homogène. Ajouter à la purée de tomates dans le saladier. Bien mélanger. Ajouter l'huile d'olive. Saler, poivrer. Si l'ensemble paraissait un peu épais, délayer avec de l'eau pour avoir un potage et non pas une purée.

Faire quelques heures à l'avance et mettre dans le bas du réfrigérateur.

Préparer toutes les petites garnitures.

Plonger les tomates 30 s dans l'eau bouillante. Retirer la peau. Les couper en deux. Supprimer les graines et l'eau de végétation. Couper ensuite la chair en petits dés aussi réguliers que possible. Les mettre à s'égoutter dans une petite passoire fine.

Éplucher les oignons, les hacher grossièrement. Éplucher la moitié du concombre, le fendre en quatre dans le sens de la longueur, retirer les graines et le détailler en petits morceaux réguliers de la taille des autres ingrédients. Retirer la tige du poivron en découpant un rond tout autour, le couper en deux et supprimer graines et parties ligneuses, le préparer aussi en dés très petits. Laver et sécher le persil, hacher les feuilles (1/2 tasse à thé). Couper finement la civette.

Éventuellement mettre tous ces ingrédients séparément en réserve dans des boîtes hermétiques, sinon les disposer sur la table dans des petites assiettes.

Retirer la croûte des tranches de pain de mie et les couper ensuite en cubes de 1 cm. Mettre à chauffer l'huile d'olive dans une poêle. Quand elle fume, mettre le pain et faire des petits croûtons dorés. Retirer de la poêle avec l'écumoire et poser sur un papier pour absorber l'excès de gras. Les disposer ensuite dans une assiette.

Au moment de servir le gaspacho le sortir du réfrigérateur, le battre un peu au fouet avant de le verser dans la soupière de service. Chacun ajoutera dans son assiette des garnitures de son choix.

GOULASH (Hongrie)

D'aucuns pensent que c'est un ragoût, c'est vrai. Mais c'est aussi et surtout considéré en Hongrie comme une soupe courte et consistante faisant office de plat complet. Elle peut se faire à l'avance et se réchauffer.

Proportions pour 4 à 6 personnes

600 g de bœuf à bouillir (macreuse, plat-de-côtes, etc.), 300 g d'oignon, 2 cuillerées à soupe de paprika doux, 2 tomates moyennes, 4 pommes de terre moyennes type Bintje, 1 cuillerée à soupe de saindoux, 1 litre d'eau, sel. *Petites pâtes dites csipetke* : 200 g de farine, 1 jaune d'œuf, 1 pincée de sel, 1 cuillerée à soupe d'eau.

Préparation : 30 mn environ **Cuisson : 1 h 30 environ**

Peler les oignons, les détailler en rondelles. Mettre à fondre à feu doux le saindoux dans une casserole, ajouter les oignons, les faire fondre et blondir légèrement pendant 10 bonnes minutes.

Pendant ce temps, détailler la viande en gros dés. L'ajouter aux oignons, mélanger et saupoudrer le tout de paprika, saler et continuer à faire doucement revenir la viande et les oignons pendant 10 mn. Au bout de ce temps, mouiller avec 1 l d'eau. Porter à petite ébullition et laisser cuire pendant 40 à 45 mn.

Éplucher les pommes de terre, les détailler en gros dés. Plonger les tomates 30 s dans l'eau bouillante pour les peler, supprimer les graines, détailler la chair en morceaux et les ajouter à la soupe ainsi que les pommes de terre. Compléter éventuellement par 1/2 verre d'eau. Faire repartir à ébullition jusqu'à cuisson des pommes de terre, environ 30 à 35 mn.

Pendant ce temps préparer les « csipetke ». Pétrir dans un bol la farine, le jaune d'œuf, le sel et un peu d'eau pour obtenir une pâte lisse et élastique. La déchiqueter avec les doigts en petits carrés irréguliers. 15 mn avant la fin de la cuisson les jeter dans la marmite.

Servir ensuite dans un plat creux ou une soupière.

HARIRA (Maroc)

C'est la soupe traditionnelle marocaine que l'on sert chaque soir au coucher du soleil dans les familles en période de Ramadan après le jeûne de la journée. Elle se fait classiquement avec des lentilles mais peut aussi être faite avec des pois chiches qui seront cuits directement dans le bouillon.

Proportions pour 6 à 8 personnes

250 g d'épaule de mouton, 3 ou 4 petits os recouverts de chair, 250 g de petits oignons, 1/2 cuillerée à café de safran, 1 noix de beurre, sel, 1 cuillerée à café de poivre moulu, 150 g de lentilles, 1 l 1/2 d'eau. *Finition* : 500 g de tomates ou 1/2 boîte de concentré de tomate délayé dans 1/4 l d'eau, 1 bouquet de coriandre fraîche, 1 bouquet de persil, 1/2 verre de jus de citron, 100 g de farine, 30 g de beurre, sel, poivre.

Préparation : 40 mn environ
Cuisson : 1 h 30 environ (bouillon) + 1 heure environ (soupe)

Laver et rincer les lentilles, les mettre dans une casserole, recouvrir d'eau froide salée. Porter à ébullition et laisser cuire 40 mn environ. Les égoutter, les mettre dans un plat, les arroser du jus d'un citron, les réserver.

Pendant cette cuisson, couper l'épaule de mouton en petits dés. Éplucher les petits oignons, les laisser entiers.

Dans une marmite, mettre à fondre 30 g de beurre, ajouter la viande, les petits os, les oignons, le poivre, le safran, recouvrir d'eau (1 l environ). Porter à petite ébullition pendant 1 heure environ. En cours de cuisson surveiller les oignons : dès qu'ils sont cuits, les retirer à l'écumoire, les réserver. Quand la viande est tendre, retirer la marmite du feu, y ajouter les lentilles et les oignons, réserver.

Mettre la farine dans un saladier, la délayer petit à petit avec 1/2 l d'eau tiède en évitant les grumeaux, la laisser reposer.

Hacher le persil et la coriandre fraîche, réserver. Peler les tomates, supprimer les graines, couper grossièrement la chair en morceaux (ou employer le concentré de tomate), les verser dans une casserole, les compléter par 1/4 de l d'eau, porter à ébullition en ajoutant 30 g de beurre et le jus de citron, laisser bouillir 15 mn. Verser alors le bouillon de viande louche par louche en réservant la viande, les oignons, les lentilles et les aromates au fond de la marmite.

Mélanger le bouillon et les tomates et y verser petit à petit en tournant la farine délayée.

Remettre alors sur le feu doux et en tournant sans cesse porter à ébullition jusqu'à épaississement.

Ajouter le persil et la coriandre, du sel. Verser ce coulis dans la marmite sur la viande et les lentilles. Faire chauffer à nouveau à petit feu. Si la soupe est trop épaisse, la détendre avec de l'eau chaude ajoutée petit à petit, car la harira doit être veloutée, parfumée et non épaisse.

Vérifier l'assaisonnement en sel et en poivre et verser dans la soupière.

MINESTRONE (Italie)

C'est la bonne grosse soupe italienne. Elle est d'origine lombarde mais chaque région, plutôt chaque cuisinière aurait un peu son minestrone en y mettant les légumes de son choix. Le potage se termine par des pâtes cuites en dernier lieu. Ce sont souvent des macaronis, cela peut être aussi des petits losanges de pâtes fraîches. Il arrive que l'on remplace les pâtes par une bonne poignée de riz. Autant dire que l'on peut suivre cette recette milanaise mais que l'on peut aussi la modifier à son goût.

Elle peut se réchauffer à condition de mettre les pâtes à ce moment-là.

Proportions pour 4 à 5 personnes

200 g de pâte à nouilles*, 200 g de haricots blancs frais, 4 tomates moyennes, 1 pomme de terre moyenne, 1 belle carotte, 70 g de lard de poitrine, 1 oignon, 2 côtes de céleri, 1 gousse d'ail, 1 tasse à café de persil haché, 80 g de parmesan râpé, sel, poivre.

Préparation : 30 mn Cuisson : 5 mn (pâtes) + 1 h 30 environ (potage)

Étaler la pâte à nouilles en une très fine couche sur la planche et, à l'aide de la roulette, la détailler en losanges de 2 cm de côté. La laisser reposer.

Écosser les haricots de façon à en avoir le poids voulu. Plonger les tomates 30 s dans l'eau bouillante, les peler, retirer les graines, concas-

* Pâte à nouilles : 200 g de farine, 2 œufs, 1 pincée de sel, 1 à 2 cuillerées à café d'eau. Faire une pâte en mélangeant la farine, les œufs, le sel et l'eau. La rouler en boule, l'étaler, la remettre en boule, le tout à plusieurs reprises jusqu'à ce qu'elle soit lisse et élastique. La laisser reposer 1 heure.

ser la chair grossièrement. Éplucher et couper en dés la carotte et la pomme de terre. Hacher le lard de poitrine, le céleri, l'oignon, l'ail et le persil (1 tasse à café).

Mettre tout ce hachis dans une grande casserole et, à feu moyen, le faire fondre et prendre couleur. Ajouter alors la pomme de terre, la carotte, les tomates et les haricots, couvrir d'eau à 2 cm au-dessus des légumes, saler, porter à ébullition, régler le feu, couvrir et assurer un petit bouillonnement régulier pendant 1 heure.

5 mn avant la fin de la cuisson, ajouter les petits losanges de pâte pour les faire cuire et râper le fromage. Au terme de la cuisson, verser le minestrone dans une soupière chaude. Ajouter le parmesan râpé, mélanger et servir.

POACHER'S SOUP (Angleterre)

C'est une soupe anglaise légèrement veloutée à base de faisan et parfumée au xérès.

Proportions pour 4 personnes

1 l 1/4 de bouillon de bœuf (p. 12), de volaille (p. 14) ou de gibier (p. 13), 1 faisan, 4 tranches minces de poitrine de porc maigre, 2 carottes, 1 oignon, 1 navet, 1 branche de céleri longue comme un doigt, 1 cuillerée à soupe de farine, 1 brindille de thym, 1/2 feuille de laurier, 1 clou de girofle, 25 g de beurre, sel, poivre de Cayenne, un peu de xérès bien sec au goût.

Préparation : 35 mn environ sans le faisan **Cuisson : 2 h 45 en tout**

Plumer, vider, préparer le faisan*, le beurrer, le saler, le poivrer et le faire rôtir pendant 45 à 50 mn en l'arrosant de temps en temps. Le sortir du four et le mettre sur la planche.

Racler le plat en ajoutant 2 ou 3 cuillerées à soupe d'eau pour avoir du jus de rôti. Le verser dans un bol, le réserver.

Prélever les blancs et la chair des côtés de cuisse, les réserver. Supprimer la couenne du lard maigre et le détailler en lardons. Concasser la carcasse du faisan.

* On peut demander au volailler de le faire.

Dans une sauteuse, mettre à fondre le beurre à feu doux, ajouter les lardons et les morceaux de carcasse. Faire revenir le tout doucement en tournant régulièrement jusqu'à ce qu'ils soient bien dorés.

Pendant ce temps, éplucher et détailler en petit dés les carottes, le navet, l'oignon et le céleri. Les verser dans la sauteuse, les mélanger à la carcasse et aux lardons et les laisser blondir légèrement. Saupoudrer de farine, remuer en tous sens pendant 1 mn pour la faire roussir. Mouiller avec le bouillon, porter à ébullition, écumer soigneusement, ajouter le bouquet garni thym-laurier, le clou de girofle, du sel, du poivre. Maintenir la petite ébullition à couvert pendant 2 heures en enlevant régulièrement les impuretés qui montent à la surface.

Au terme de la cuisson, escaloper les morceaux de faisan réservés, passer la soupe au chinois dans une belle marmite de service, vérifier l'assaisonnement, ajouter les morceaux de faisan, verser le jus de rôti, du xérès au goût, chauffer quelques instants et servir.

SOUPE AU CHOU, AUX POMMES ET AUX RAISINS SECS (Europe centrale)

Cuisine ashkénaze. C'est une soupe-repas complète à saveur salée-sucrée. On y trouve le mélange fruits-légumes-viande cher aux juifs ashkénazes d'Europe centrale. C'est une longue cuisson mais qui peut se réchauffer.

Proportions pour 6 personnes

500 g de plat-de-côtes, 1 petit chou vert nouveau, 2 betteraves crues, 4 à 5 tomates moyennes, 2 pommes, 2 oignons moyens, 250 g de raisins secs, le jus de 1/2 citron, 3 cuillerées à soupe de sucre en poudre, sel, poivre. *Facultatif* : 1 bol de crème fraîche.

Préparation : 35 à 40 mn Cuisson : 3 h

Éplucher les oignons, les couper en rondelles. Retirer les feuilles extérieures et les côtes du chou vert, le débiter en lanières. Éplucher les betteraves, les débiter en bâtonnets. Peler les tomates en les plongeant 30 s dans l'eau bouillante, supprimer les graines et l'eau de végétation. Concasser la chair grossièrement dans un bol.

Couper le bœuf en gros dés, le mettre dans un faitout, le recouvrir d'eau largement, saler, poivrer et porter à ébullition. Écumer soigneusement.

Ajouter les tomates, le chou, les oignons, les betteraves. Verser le sucre en poudre et le jus du 1/2 citron. Porter de nouveau à ébullition et maintenir à petits bouillons et à couvert pendant 2 h 30.

Pendant ce temps, éplucher les pommes, les couper en quartiers, supprimer le cœur et les pépins, débiter les quartiers en petits morceaux.

Au bout des 2 h 30 de cuisson, ajouter les pommes et les raisins secs, faire cuire 30 mn de plus.

À l'aide de l'écumoire, disposer les légumes, la viande, les fruits dans une soupière, goûter le bouillon, vérifier son assaisonnement en sel et en poivre et en verser 1 l 1/2 dans la soupière.

Servir en présentant un bol de crème fraîche dont chacun pourra mettre un champignon dans son assiette.

SOUPE AU CUMIN ET AUX MACARONIS COUPÉS (Autriche)

C'est un velouté parfumé au cumin et à l'oignon garni de macaronis coupés. Il se fait au dernier moment.

Proportions pour 6 personnes

1 l 1/2 de bouillon de bœuf (p. 12), 1 oignon, 1 cuillerée à soupe rase de farine, 30 g de beurre, 1 cuillerée de cumin en poudre, 80 à 100 g de macaronis coupés, 2 cuillerées à soupe de crème fraîche, 2 jaunes d'œufs, sel, poivre, 1 cuillerée à café de graines de cumin.

Préparation : 5 mn Cuisson : 40 mn environ

Éplucher et hacher finement l'oignon.

Dans une casserole à feu moyen mettre à fondre le beurre, ajouter l'oignon haché et le faire fondre jusqu'à ce qu'il commence à prendre une belle couleur blonde. Saupoudrer de farine et en tournant en tous sens continuer la cuisson jusqu'à la couleur rousse en évitant de faire brûler les oignons.

Mouiller avec le bouillon de bœuf et en tournant porter à ébullition. Saler, poivrer, ajouter le cumin en poudre et laisser mijoter pendant 25 à 30 mn en retirant les impuretés qui montent à la surface.

Selon le temps de cuisson indiqué sur le paquet, jeter les macaronis coupés dans la casserole pour qu'ils soient cuits juste avant la liaison finale.

Dans un bol, mélanger la crème et les jaunes d'œufs. Délayer d'abord avec un peu de bouillon chaud puis verser le tout dans la casserole. À petit feu porter à ébullition en tournant pour obtenir l'onctuosité souhaitable. Vérifier l'assaisonnement en sel et en poivre.

Terminer en ajoutant les graines de cumin et servir dans une soupière chaude.

SOUPE AUX FÈVES (Afrique du Nord)

C'est une soupe à base de viandes et de fèves fraîches appartenant à la cuisine juive sépharade traditionnelle. La cuisson est longue mais la soupe peut très bien se réchauffer.

Proportions pour 6 personnes

800 g de bœuf à pot-au-feu (gîte ou macreuse), 1 os à moelle, 2 carottes, 2 navets, 1 petite branche de céleri, 3 poireaux, 1,200 kg de fèves fraîches, sel, poivre, un peu de curcuma ou de coriandre en grains.

Préparation : 40 à 45 mn **Cuisson : 2 h 40 environ**

Éplucher les carottes, les navets, le céleri, les couper en gros dés. Supprimer le vert foncé des poireaux, ficeler le blanc et le vert clair en un petit paquet.

Couper la viande en gros cubes.

Mettre tous ces ingrédients dans un faitout, couvrir d'eau et porter à ébullition. À ce moment, écumer soigneusement et continuer à petits bouillons pendant 2 h 30. Saler, poivrer, ajouter une pincée de curcuma ou de la coriandre en grains.

Pendant ce temps, écosser les fèves et mettre une casserole d'eau à bouillir, y plonger les fèves pendant 1 mn, poignée par poignée. Prendre à l'écumoire à chaque fois. Retirer ensuite la petite peau des fèves. Les remettre à cuire dans l'eau bouillante salée pendant 4 à 5 mn, les égoutter, les réserver.

Au terme de la cuisson de la soupe, retirer tous les légumes et la viande du faitout, les disposer dans un plat creux chaud ou une soupière, les tenir au chaud dans le four tiède.

Prélever dans le faitout 1 l 1/2 de bouillon, le verser dans une casserole, mettre à petit feu. Avec une fourchette ou dans le moulin à légumes écraser soigneusement les fèves en purée, verser celle-ci dans le bouillon, et la mélanger.

Vérifier l'assaisonnement en sel, poivre et épices. Verser sur la viande et les légumes et servir bien chaud.

SOUPE AUX GROSSES CREVETTES (Thaïlande)

C'est une soupe parfumée et épicée qui peut se faire aussi avec des langoustines si on ne trouve pas de grosses crevettes roses (gambas) fraîches.

Proportions pour 4 à 5 personnes

3 à 4 queues de crevettes par personne, 2 à 3 petits piments verts au goût, 2 à 3 pluches de basilic frais, 2 tiges de citronnelle, 1 oignon moyen, 1 gousse d'ail, 1 cuillerée à café de pâte de crevette salée (en flacon dans les magasins de produits chinois), 2 cuillerées à soupe d'huile, 1/2 verre de jus de citron ou plus selon goût, eau, sel, 2 cuillerées à café de coriandre fraîche hachée.

Préparation : 30 à 35 mn **Cuisson : 45 mn environ**

Décortiquer les crevettes. Réserver les queues, concasser grossièrement les carapaces et les têtes.

Couper la citronnelle en tronçons de 2 à 3 cm. Émincer finement l'oignon et la gousse d'ail en rondelles. Retirer la tige des piments, les ouvrir, supprimer les graines, les détailler finement. Réserver.

Dans une grande casserole, mettre l'huile à chauffer à feu moyen, ajouter les débris concassés des crevettes, les faire revenir convenablement en les tournant en tous sens pendant 4 à 5 mn. Mouiller avec 1 l 1/2 d'eau, saler, ajouter la citronnelle et le basilic. Porter à ébullition et laisser cuire pendant 20 à 25 mn à couvert.

Prélever des feuilles de coriandre sur un bouquet et les hacher, les réserver. Transvaser le bouillon dans une autre casserole à travers une passoire fine recouverte d'un chiffon. Porter le bouillon à ébullition.

Pendant ce temps, mélanger la pâte de crevettes avec un peu de jus de citron dans un bol.

Verser l'oignon, l'ail, les piments, le jus de citron dans le bouillon en ébullition. Laisser à petit feu pendant 15 mn en tout. À mi-temps, ajouter les crevettes. 2 mn avant la fin, verser la pâte de crevettes et la délayer dans le bouillon. Vérifier l'assaisonnement en sel.

Répartir crevettes et bouillon dans 4 ou 5 bols. Parsemer de coriandre hachée et servir.

Remarque : *Au goût de chacun, chacune, il appartient de mettre plus ou moins de piment et de jus de citron.*

SOUPE AUX LÉGUMES (Inde)

Elle est très simple, riche en saveurs et devrait se terminer par du yaourt indien, plus doux que le nôtre. À défaut on peut utiliser soit du yaourt, en mettant moins de jus de citron, soit de la crème fraîche liquide.

Proportions pour 4 à 5 personnes

1 l de bouillon de volaille (rectte de la p. 14 ou bouillon instantané), 1 oignon rouge, 3 tomates, 2 gousses d'ail, 40 g de beurre, 1 petit morceau de gingembre frais de 2 cm, 1 cuillerée à soupe de curcuma en poudre, 1 cuillerée à café de curry en poudre, 1 bonne cuillerée à soupe de jus de citron, sel, 1 yaourt ou la même valeur en crème fraîche liquide.

Préparation : 10 mn Cuisson : 1 bonne heure

Éplucher l'oignon, le hacher très grossièrement, plonger les tomates 30 s dans l'eau bouillante, les peler, les ouvrir, retirer les graines et l'eau de végétation. Dans un bol, les concasser grossièrement.

Dans une casserole, mettre à fondre le beurre à feu moyen, ajouter l'oignon et le faire fondre et prendre une jolie couleur dorée pendant 7 à 8 mn.

Pendant ce temps, peler le gingembre, le couper en tout petits morceaux, le mettre dans un récipient avec l'ail également coupé menu, pilonner le tout pour avoir une pâte.

Dès que les oignons sont prêts, ajouter la pâte d'ail et de gingembre, le curry et le curcuma. Mélanger le tout en laissant cuire pendant 3 à 4 mn. Ajouter les tomates, relever le feu, et les faire se dessécher et fondre pendant 4 à 5 mn en les remuant. Compléter avec le bouillon de volaille, porter à ébullition et laisser ensuite mijoter pendant 1 petite heure.

Au bout de ce temps, ajouter le jus de citron, le yaourt ou la crème. Laisser chauffer 2 mn de plus, vérifier l'assaisonnement en sel.

Servir dans des bols individuels.

SOUPE AUX LENTILLES ORANGE (Inde)

Elle est indienne et consistante. En Inde elle se fait avec des lentilles orange et ravissantes. Ici on se servira de lentilles vertes du Puy qui, quoique moins décoratives, sont tout aussi bonnes.

Proportions pour 4 à 5 personnes

1 l de bouillon de volaille (recette de la p. 14 ou bouillon instantané), 125 g de lentilles vertes, 1 oignon moyen, 2 tomates, 40 g de beurre, 1 cuillerée à café de curry en poudre, 1/2 cuillerée à café de cumin en poudre, 1 verre de lait de coco (dans les magasins de produits exotiques), sel, poivre.

Préparation : 15 mn environ   Cuisson : 1 petite heure

3 à 4 heures avant la confection du potage, faire tremper les lentilles. Au bout de ce temps, les rincer.

Hacher les oignons et la gousse d'ail grossièrement, tremper les tomates 30 s dans l'eau bouillante, les peler, retirer les graines et l'eau de végétation, les concasser en morceaux.

Dans une casserole mettre le beurre à chauffer à feu moyen, ajouter les oignons et la gousse d'ail, les faire fondre en douceur sans prendre couleur. Ajouter les tomates et pendant 5 bonnes minutes les faire réduire convenablement. Ajouter les lentilles, le cumin, le curry, mouiller avec le bouillon, saler et poivrer généreusement et porter à ébullition. Cuire à petit feu pendant 40 à 45 mn : les lentilles ne doivent pas être défaites.

Au terme de la cuisson, ajouter le lait de coco, le mélanger, goûter, éventuellement rajouter du poivre, du cumin et du curry.

Servir bien chaud.

SOUPE PIMENTÉE AU CRABE (Chine)

C'est une soupe fraîche, grâce à la verdure. Le bouillon légèrement gélatineux a un caractère tout à fait chinois. On peut faire le bouillon et préparer le crabe à l'avance. On réchauffera le bouillon pendant la préparation des légumes et des vermicelles.

Proportions pour 8 personnes

250 g de vermicelles de riz moyens, 150 g de germes de soja, 2 pieds de porc frais, 500 g d'ailerons et de cous de poulet, 1 tourteau vivant de 900 g à 1 kg*, 1 laitue, 1 bouquet de persil plat, 1 bouquet de coriandre fraîche, 16 petits oignons blancs nouveaux, 2 cuillerées à soupe rase de pâte de crevette pimentée (dans les boutiques de produits chinois), 1 cuillerée à soupe d'huile, sel.

Préparation : 30 à 40 mn
Cuisson : 3 h 30 (bouillon) + 12 à 15 mn (crabe)

Plonger les pieds de porc et les abattis de poulet pendant 5 mn dans l'eau bouillante, les égoutter. Couper les pieds de porc en 8 morceaux, les déposer dans un faitout, recouvrir largement d'eau froide, saler et porter à ébullition, laisser mijoter à petit feu pendant 1 h 30 environ en écumant régulièrement. Puis ajouter les abattis de poulet et continuer la cuisson encore 1 h 15 à reprise de l'ébullition. Continuer à écumer de temps en temps.

Pendant ce temps, faire cuire le tourteau en le plongeant dans l'eau bouillante très salée pendant 10 à 12 mn à reprise de l'ébullition. Le sortir de l'eau, le laisser refroidir et le décortiquer convenablement. Réserver les chairs dans un bol.

Laver, éplucher la laitue, la détailler en fines lanières, la réserver. Éplucher les oignons, les réserver. Laver, sécher, effeuiller et hacher le persil et la coriandre, les réserver.

20 mn avant la fin de la cuisson des pieds de porc, ajouter les petits oignons dans le faitout.

Plonger les vermicelles de riz pendant 4 à 5 mn dans une casserole d'eau bouillante salée additionnée d'une cuillerée d'huile. Les égoutter, les tenir au chaud dans la casserole. Dans une autre casserole, plonger

* Évidemment un tourteau, c'est délicieux, mais c'est long, long à décortiquer. Aussi le crabe en boîte est tout à fait recommandable.

1 mn les germes de soja dans l'eau bouillante salée, les égoutter et les ajouter aux vermicelles.

Diluer la pâte de crevettes pimentée dans 3 cuillerées à soupe de bouillon, verser dans un petit bol.

Passer le bouillon dans une passoire au-dessus d'une casserole, tenir sur le feu.

Dans les bols, répartir les vermicelles et les germes de soja. Ajouter un morceau de pied de porc par bol, de la chair de crabe, 2 petits oignons, de la laitue et des fines herbes hachées. Compléter en remplissant avec du bouillon bien chaud.

Servir immédiatement en posant sur la table le bol de sauce de pâte de crevettes dont chacun assaisonnera sa soupe à son gré.

SOUPE AU PORC ET AUX GERMES DE SOJA (Chine)

C'est une soupe complète, un peu épicée, à base de pâtes et de viande, qui se fait au dernier moment.

Proportions pour 6 personnes

200 g de vermicelles de riz, 250 g de germes de soja, 500 g de filet de porc désossé, 1 cœur de laitue, 2 oignons moyens, 3 cuillerées à soupe de civette hachée, 1,5 l de bouillon de volaille (recette de la p. 14 ou instantané), 3 cuillerées à soupe d'huile, 1 cuillerée à soupe d'huile de sésame, sel. *Sauce* : 8 cuillerées à soupe de sauce soja, 8 cuillerées à soupe de vinaigre, 3 petits piments hachés.

Préparation : 10 à 12 mn **Cuisson : 50 mn en tout**

Allumer le four à température moyenne chaude. Huiler le filet de porc avec une cuillerée à soupe d'huile, le saler, le mettre dans une sauteuse avec 2 à 3 cuillerées à soupe d'eau et le faire cuire lentement à couvert en le retournant de temps en temps pendant 45 mn environ. Le sortir du feu et le laisser se détendre à couvert.

Pendant cette cuisson, préparer éventuellement le bouillon de volaille instantané. Éplucher et hacher les oignons. Laver le cœur de laitue, le tailler en longues lanières. Avec des ciseaux, couper la civette en bâtonnets de 2 cm. Réserver le tout séparément.

Couper le porc en tranches très fines. Réserver.

Dans un petit bol, mélanger les différents ingrédients de la sauce, réserver.

Mettre 2 cuillerées à soupe d'huile à chauffer à feu moyen dans une grande sauteuse. Ajouter les oignons hachés, les faire fondre et prendre couleur. Verser alors le bouillon de volaille, le porter à ébullition. Quand il bout, verser les vermicelles, laisser cuire 5 mn, ajouter les germes de soja, laisser cuire 1 mn.

Sortir les vermicelles et les germes de soja de la casserole à l'aide de l'écumoire et les répartir dans les bols, les brasser avec un peu d'huile de sésame. Disposer dessus des tranches de viande, des lanières de laitue et de la civette hachée. Compléter les bols en répartissant le bouillon.

Servir bien chaud en posant sur la table le bol de sauce dont chacun se servira à son gré pour assaisonner sa soupe.

SOUPE AUX VERMICELLES DE KUALA-LUMPUR (Malaisie)

C'est une soupe de poisson dont le goût assez fort et prononcé est donné par une pâte d'épices à base de pâte de crevettes séchées que l'on trouve dans les épiceries chinoises. Elle se fait au dernier moment.

Proportions pour 4 à 6 personnes

300 g de vermicelles de riz fins, 800 à 900 g de poisson blanc (type colin), 5 petits piments rouges, 2 gros oignons doux, violets si possible, 2 cuillerées à café de pâte de crevettes séchées pimentées, 1 cuillerée à café de curcuma en poudre, 1/2 concombre, 1/2 verre à moutarde de jus de citron, 1 cuillerée à café de sucre en poudre, quelques feuilles de menthe fraîche, sel, poivre, 1 l d'eau froide.

Préparation : 25 à 30 mn
Cuisson : 3 à 4 mn (vermicelle) + 25 mn (soupe)

Faire vider et écailler le poisson par le poissonnier. Le faire couper en morceaux, y compris la tête.

Le mettre dans une casserole, couvrir de 1 l d'eau froide, saler, poivrer, porter à ébullition et laisser cuire en frémissant pendant 15 mn.

Au bout de ce temps, prendre les morceaux de poisson à l'écumoire, les poser sur un torchon et passer le bouillon à travers une passoire fine dans une autre casserole, le réserver. Prélever la chair du poisson, la découper en lamelles de la taille d'une bouchée, réserver.

Ouvrir les piments, retirer les graines, les hacher menu, les mettre dans un bol. Éplucher et hacher menu un des gros oignons, le verser dans le bol. Ajouter la pâte de crevettes séchées, la poudre de curcuma, 2 à 3 cuillerées à soupe de bouillon de poisson. Piler pour obtenir une pâte.

Éplucher et couper le concombre en petits dés, réserver. Faire de même avec l'autre oignon.

Faire chauffer le bouillon et le porter à ébullition. Avec quelques cuillerées de bouillon, délayer la pâte d'épices avant de la verser dans le bouillon. Ajouter le jus de citron, le sucre, mélanger à l'aide d'une cuillère puis mettre les bouchées de poisson. Laisser au chaud sur le feu. Pendant ce temps, cuire les vermicelles pendant 3 à 4 mn à grande eau bouillante salée, les égoutter et les rincer sous l'eau chaude dans la passoire.

Garnir les fonds de bols individuels avec les vermicelles. À l'aide de la louche, répartir les bouchées de poisson et le bouillon très chaud, terminer avec des dés de concombre et d'oignons, décorer chaque bol de 2 ou 3 feuilles de menthe. Servir de suite.

SUIMONO ET MIROSHIRU (Japon)

L'un est un consommé très clair et très léger qui commence le repas.

L'autre est une soupe plus épaisse constituant le plus souvent l'élément principal du petit déjeuner.

L'un comme l'autre contiennent des ingrédients très japonais que l'on trouve dans les magasins de spécialités japonaises ou chinoises.

CONSOMMÉ D'ALGUES AUX PRAIRES (Japon)

Proportions pour 4 personnes

8 praires moyennes, 6 verres d'eau, 1 carré de 10 cm d'algue kombu (dans le commerce), 1 cuillerée à café de sauce soja, 1 blanc de poireau, citron vert, sel.

Préparation : 10 mn Cuisson : 8 mn

Déposer les praires dans de l'eau salée pendant 1 heure pour qu'elles rejettent le sable. Découper le blanc de poireau en rondelles prises un peu en diagonale. Prélever 4 rondelles fines dans le centre d'un citron vert.

Mettre 6 verres d'eau dans une casserole, ajouter le carré d'algue kombu, du sel, ainsi que les praires. Porter à ébullition.

Dès que l'eau frémit, retirer l'algue, écumer, ajouter la sauce soja, laisser frémir un peu plus pour que les praires s'ouvrent.

Les prendre à l'écumoire et les décoquiller.

Dans 4 bols de service, déposer 2 praires dans leur coquille, remplir avec du bouillon, vérifier l'assaisonnement en sel, ajouter des rondelles de poireau et une rondelle de citron vert et servir.

SOUPE DE MISO AU POULET

Le miso est de la pâte fermentée de haricots de soja. Il va de la couleur blanche au rouge. Plus il est foncé plus il est salé. On l'incorpore au potage au dernier moment.

Proportions pour 4 personnes

150 g de blanc de poulet cru, 100 g de germes de soja, 8 feuilles de laitue, 8 feuilles d'épinards, 50 g de miso rouge, 1 cuillerée à soupe de miel.

Préparation : 15 mn Cuisson : 15 mn

Laver, équeuter les feuilles d'épinards et de laitue. Les plonger 1 à 2 mn dans de l'eau bouillante salée, les prendre à l'écumoire, les étaler sur un torchon pour les sécher.

Couper le blanc de poulet cru en fines escalopes transparentes de la taille d'une bouchée. Dans une casserole, mettre à chauffer à feu vif la cuillerée à soupe d'huile, ajouter le poulet et le faire revenir rapidement en le tournant de tous côtés. Mouiller avec 5 tasses d'eau, porter à petite ébullition, écumer et continuer à petits bouillon pendant 10 mn.

Mettre le miso dans un bol, le délayer avec un peu de jus de cuisson du poulet, puis l'incorporer au reste du bouillon dans la casserole. Sortir du feu, couvrir et laisser en attente 5 mn.

Pendant ce temps, découper les feuilles de laitue et d'épinards en larges lanières.

Verser le bouillon et le poulet dans les bols, répartir les lanières de verdure en dernier lieu et servir.

WATERZOÏ AU POULET DE FRANCINE (Belgique)

Ce potage typiquement belge est à lui seul un plat complet. On peut le faire en deux fois : cuire le poulet et les légumes, les tenir au frais, puis faire réchauffer le tout et terminer, juste avant de servir, par la liaison de crème aux herbes.

Proportions pour 8 personnes

2 poulets de 1,300 kg, 4 carottes, 4 poireaux, 1 pied de céleri, 3 oignons, 1 tasse à thé d'estragon haché, 1/2 tasse à thé de cerfeuil haché, 1 tasse à thé de persil haché, 2 branches de thym, 3 feuilles de laurier, 3 à 4 gousses d'ail, 2 clous de girofle, 300 g de crème fleurette (crème liquide), 4 jaunes d'œufs, 3 tranches de pain de mie sans croûte de 2 cm d'épaisseur, 50 g de beurre, sel, poivre.

Préparation : 50 à 55 mn **Cuisson : 45 mn (poulets) + 20 mn (légumes)**

Faire préparer les poulets par le volailler en demandant de laisser « tout après ». Les poser dans une marmite et les recouvrir d'eau froide.

Porter à ébullition. Écumer soigneusement et ajouter les gousses d'ail, les clous de girofle, le thym et le laurier, du sel et du poivre. Laisser cuire à petits bouillonnements pendant 45 mn environ. Les poulets doivent être cuits et non défaits. Pendant que les poulets cuisent, laver, sécher les herbes, les hacher finement, les garder dans un bol et préparer les légumes : les éplucher, les laver, ne garder que le blanc et le vert clair des poireaux, les détailler en julienne. Réserver.

Quand les poulets sont cuits, les sortir de leur cuisson et les laisser refroidir un peu sur la planche à découper.

Mettre dans une casserole deux bonnes louches de jus de cuisson des poulets, y ajouter la julienne de légumes et faire cuire 20 mn environ. Retirer du feu, laisser le tout dans la casserole.

Les poulets étant un peu refroidis, les dépouiller de leur peau et détailler la chair en petits morceaux correspondant à une bouchée. Retirer de la marmite le thym et le laurier et y verser les morceaux de poulet, ainsi que la casserole de légumes. Laisser sur le feu à chauffer doucement. Vérifier l'assaisonnement en sel et poivre.

Détailler les tranches de pain de mie en petits dés. Mettre le beurre dans une poêle à feu moyen. Quand il grésille, ajouter les croûtons et les faire revenir et dorer de tous côtés en les tournant à la fourchette. Les retirer avec une écumoire, puis les poser sur un papier absorbant, avant de les mettre dans 1 ou 2 petites assiettes de service.

Dans un bol, battre ensemble la crème fleurette et les jaunes d'œufs, y ajouter toutes les herbes hachées. Prendre un peu de bouillon très chaud, le verser en tournant dans le mélange crème-œufs, recommencer une fois, puis remettre le tout dans la marmite, laisser chauffer en tournant le tout sans laisser bouillir.

Verser dans la soupière de service et servir accompagné des petits croûtons.

V

Hier et aujourd'hui : soupes de grands chefs

HIER

Ma liste de « vieux chefs » commence au début du XVIIe siècle pour toutes sortes de bonnes raisons. Dans l'Antiquité, les Apicius, les Archestrates, qui ont laissé de très connus traités, ne nous ont cependant guère proposé, à vous comme à moi, des bouillons, des soupes à nos yeux alléchants et réalisables.

Au Moyen Âge, ce n'est pas mieux. Outre le fait que les potages désignent avant tout des braisés, la cuisine du *Viandier de Taillevent* et du *Ménagier de Paris*, début XIVe est un mélange de sucré-salé-épicé intéressant certes, mais dont le moins qu'on puisse dire est qu'il est déconcertant.

Le XVIe siècle heureusement décante quelque peu tout cela et nous commençons à nous y reconnaître au tout début du XVIIe siècle.

Le XIXe siècle est assez largement représenté dans mon choix dans la mesure où il est d'usage de dire que la grande cuisine bourgeoise française s'est codifiée à partir de ce moment-là.

Ces recettes sont transcrites fidèlement telles qu'on les trouve dans les livres de ces grands cuisiniers. On se rend compte que nous sommes aujourd'hui habitués à plus de précision. Il n'en reste pas moins que je les ai trouvées séduisantes et possibles à adapter.

Les voici, de Lancelot de Casteau à Escoffier.

Lancelot de Casteau

Lancelot de Casteau fut au début du XVII*e siècle le maître cuisinier de trois princes de Liège. Il a écrit en un français difficile un livre,* Ouverture de cuisine, *où l'on constate que les fines herbes, les abondantes épices, les mélanges sucré-salé jouent un grand rôle et évoquent une cuisine encore proche de celle du Moyen Âge et à mon goût souvent pas déplaisante. Voici un potage court et mitonné où se mélangent le parmesan et la cannelle :*

CAPILOTADE DE PARMESAN

Prenez des pièces de rostie froide et coupées par pièce, et mettez bouillir avec bons bouillons gras, puis prennez des rosties de pain blàc [blanc], mettez quatre ou cinq en un plat, puis vous prendrez trois ou quatre pièces [de viande], mettez sur les rosties de pain, puis du parmesan, cannelle dessus, et faites le semblable par trois fois, puis jettez du bouillon dessus et le faites esteuver un quart d'heure, et mettez encor parmesan et cannelle dessus et le servez tout chaud.

François-Pierre la Varenne

François-Pierre La Varenne fut écuyer de cuisine du marquis d'Uxelles (on se demande si le marquis ne donna point son nom à cette préparation de champignons mise au point par La Varenne et dite duxelles). Ce grand cuisinier publia en 1661 Le Cuisinier françois *ou* français, *selon les éditions. Sa cuisine se dégage nettement des influences moyenâgeuses. On lui doit en tout cas le potage à la Reine qui, au cours du temps, a subi pas mal de modifications. Le voici tel qu'à l'origine :*

POTAGE À LA REINE

Prenez carpes ou tanches, faites-les cuire avec de l'eau, du sel et un oignon, persil, œufs durs et une mie de pain. Étant cuites passez votre bouillon et le mettre dans un autre pot avec autant de beurre que vous mettriez dans un autre potage. Prenez des amandes et les faites bien piler, meslez-les avec la moitié de vostre bouillon et après avoir bouilli ensemble quelque temps passez-les et y mettez un oignon piqué de clous et le laisser sur un peu de cendre chaude. Faites mitonner votre pain avec un peu de votre premier bouillon et remplissez votre plat de bouillon blanc d'un jaune d'œuf délayé avec verjus et jus de champignon, en sorte toutefois qu'il ne soit trop lié, puis servez garni de grenades et de tranches de citron.

Menon

On ne sait pas exactement qui était Menon. On sait seulement qu'à la fin du XVIIIe siècle plusieurs livres de cuisine parurent sous son nom. Ils furent appréciés à l'époque et aussi par les chefs des générations suivantes, ce qui autorisa Franlin à écrire dans La Vie privée d'autrefois, *à propos de* La Cuisinière bourgeoise *: « [...] livre précieux qui, à tort ou à raison, a eu certainement plus d'éditions que les* Provinciales *de Pascal !... »*

Voici une recette tirée du précieux livre en question.

POTAGE AU LAIT D'AMANDES

Prenez une demi-livre d'amandes que vous mettez sur le feu avec l'eau, quand elle est prête à bouillir, vous retirez vos amandes pour en ôter la peau ; jetez-les à mesure dans de l'eau fraîche, ensuite vous les égouttez pour les bien piler dans un mortier en les arrosant de temps en temps d'une cuillère à bouche pleine d'eau, de crainte qu'elles ne tournent en huile ; vous mettrez dans une casserole une pinte d'eau, un peu de sucre, très peu de sel, cannelle, coriandre, un zeste de citron ; faites bouillir cette eau avec ce que vous avez mis dedans, environ un quart d'heure sur un fourneau. Vous vous servez après de cette composition pour passez vos amandes dans une serviette en les bourrant plusieurs fois avec une cuillère de bois ; vous prenez ensuite le plat que vous devez servir et mettez dessus du pain tranché et séché, vous versez dessus le lait d'amandes le plus chaud que vous pouvez sans bouillir. Si vous voulez votre lait d'amandes plus simple, passez simplement avec de l'eau chaude et vous y mettrez après le sucre que vous jugerez à propos et très peu de sel.

Viard

Viard est un cuisinier français du XIXe siècle. Il fait paraître en 1806 un livre appelé Le Cuisinier impérial ou l'art de faire la cuisine pour toutes les fortunes *qui connaît au moins 32 éditions successives et devient en 1817, sous la Restauration,* Le Cuisinier royal ou l'art de faire la cuisine. *C'est de cette édition que sont tirées ces recettes.*

POTAGE AUX CONCOMBRES LIÉ

Vous prenez deux concombres, auxquels vous retirez la peau ; fendez-les en quatre ; retirez les grains ; coupez-les en liards ; tournez-les le plus également possible ; mettez-les dans une casserole, avec un peu de sel pour leur faire jeter leur eau. Passez-les sur un linge blanc ; mettez-les dans une casserole avec un morceau de beurre ; sautez-les légèrement sans leur faire prendre couleur ; vous y mettez une bonne poignée d'oseille émincée, et une pincée de cerfeuil. Mouillez votre potage avec du bon bouillon. Laissez-le bouillir un bon quart d'heure ; au moment de servir, vous liez votre potage avec une liaison de trois jaunes d'œufs et un peu de crème réduite ; vous la versez sur le pain de votre potage, que vous avez coupé de la même grandeur que vos concombres.

Remarque : *Il est simple, moderne, hormis le pain à tremper au fond de la soupière qui ne me semble nullement une obligation.*

À l'opposé, voici des soupes consistantes faites pour assouvir les appétits les plus robustes à moindre coût :

AUTRE CROÛTE AU POT

Vous prendrez deux pains à café ; chapelez-les, vous lèverez la croûte, formerez des ronds égaux, et les parerez ; vous les mettrez dans une casserole avec une cuillerée de bon consommé, vous mettrez mijoter sur le feu les croûtons, vous les ferez frire dans du dégraissis de consommé un peu nourri, afin qu'il prenne de la nourriture ; vous mettrez votre panade dans une casserole d'argent ou un plat profond, et vos croûtons arrangés dessus ; vous les mouillerez avec un peu de dégraissis de consommé et les ferez gratiner un bon quart d'heure. Au moment de servir, vous casserez six œufs frais sur votre croûte au pot, et les ferez prendre comme les œufs sur le plat ; vous servirez avec un bol de consommé clarifié.

ORGE PERLÉ

Vous prendrez une demi-livre d'orge perlé, le laverez et le ferez tremper la veille pour le lendemain ; vous le ferez blanchir et le ferez crever dans du bon consommé pendant une heure.

Jules Gouffé

Jules Gouffé fut au XIXe siècle un disciple du grand Carême. Il est resté surtout célèbre pour ses extraordinaires pièces montées qui furent l'objet de nombreuses et ravissantes gravures.

Il a écrit aussi un gros Livre de cuisine *en deux parties « La cuisine de ménage » et « La grande cuisine ».*

Voici tiré textuellement de « La cuisine de ménage » son :

BOUILLON À LA MINUTE

Pour confectionner le bouillon à la minute, ayez : 1 livre de bœuf bien maigre, 1 demi-poule désossée.

Vous pilez le tout, que vous mettez dans une casserole avec 10 g de sel.

Vous délayez avec un litre et demi d'eau, et vous faites partir à bon feu en remuant doucement.

Dès que l'ébullition commence, vous garnissez de carottes, navets, oignons, poireaux, céleri, le tout émincé.

Laissez bouillir 20 mn, passez et servez.

Remarques : *1. Les proportions indiquées sont pour 4 à 5 personnes.*

2. Il est bien évident qu'à la place de piler il sera plus facile de hacher ces viandes très finement au mixer.

3. J'ajouterai moi que ce bouillon rapide peut être bien utile pour un dîner imprévu, en y ajoutant des petites garnitures de son goût (p. 23), ou tout simplement pour le mettre en réserve dans des bocaux au congélateur.

Et toujours de Jules Gouffé voici une autre recette tirée, elle, de « La grande cuisine » où il a beaucoup moins de soucis d'économies :

POTAGE CRÈME DE TRUFFES ET DE VOLAILLE

Brossez et épluchez une quantité de truffes suffisante pour obtenir un décilitre de purée de truffes. Faites une crème de truffes comme la crème de carottes.

Préparez une même quantité de crème de volaille*. Coupez les deux crèmes en dés ; mettez dans la soupière, et versez dessus trois litres de consommé de volaille légèrement lié avec du salep de Perse.

Crème de truffes : procéder comme pour la crème de carottes ci-après en notant qu'il faut à peu près 250 g de truffes !

Faites un décilitre de purée de rouge de carottes Crécy ; passez au tamis de Venise ; cassez dans une terrine deux œufs que vous battez comme pour omelette. Ajoutez : la purée de carottes, 1 décilitre de consommé, une demi-prise de muscade, une pointe de carmin pour que la crème soit d'une belle teinte rouge ; passez à travers l'étamine en pressant avec la cuillère ; beurrez un moule uni pour contenir la quantité de crème qui vient d'être préparée ; faites prendre au bain-marie ; laissez refroidir, démoulez.

Purée de volaille : faites braiser deux poulets que vous mouillerez avec du consommé de volaille ; lorsqu'ils sont cuits, laissez-les refroidir. Passez la cuisson au tamis de soie et dégraissez parfaitement ; faites réduire et ajoutez une quantité de velouté double de la réduction.

Faites réduire l'essence et le velouté ensemble, ce qui doit vous donnez une sauce suprême très consistante. Lorsque les poulets sont froids, levez les chairs et retirez peaux et graisse ; hachez et pilez les chairs que vous mouillez avec la sauce ; passez à l'étamine et mettez au bain-marie.

Remarques : *• Selon les quantités employées, le potage est prévu pour 12 personnes.*

• C'est carrément une recette à tiroirs avec des préparations longues et coûteuses malgré son apparente simplicité. Je ne saurai donc assez vous conseiller de la lire... et de la goûter en imagination. C'est déjà très agréable.

---

* Crème de volaille : Gouffé ne s'explique pas sur cette dernière mais il faut, à mon avis, continuer comme pour la crème de carottes à partir du moment où on met les œufs.

Henri Babinsky

Ali Bab, Gastronomie pratique, études culinaires *: sous ce nom, sous ce titre, se cache Henri Babinsky, ingénieur de l'École des Mines qui publia cet ouvrage en 1907.*

J'aime bien Ali Bab, c'est une mine où on trouve de tout, y compris « truffer à volonté » ou caviar, selon le cas, à la fin de la liste des ingrédients d'une recette... Riche époque de gros gourmands...

Voici une première recette pas vraiment diététique ni économique mais qualifiée de potage maigre puisque à base de coquillages !

POTAGE CRÈME VELOUTÉE DE CORAIL D'OURSINS

Pour 8 personnes

300 g de beurre, 250 g de crème, 200 g de purée de tomates, 30 g de semoule, 25 g d'oignon, 20 g de farine, 2 l de bouillon de légumes, 24 beaux oursins bien pleins, 4 jaunes d'œufs frais, sel, poivre, muscade.

Ouvrez les oursins, mettez de côté le corail, passez l'eau, réservez-la. Faites revenir, sans laisser prendre couleur, les oignons ciselés et le corail dans un peu de beurre.

Préparez un roux avec 50 g de beurre et la farine, mouillez avec l'eau des oursins et le bouillon de légumes, moins 100 g que vous réserverez ; ajoutez l'appareil corail d'oursins et oignons ; laissez cuire ensemble à petits bouillons pendant 25 mn. 10 mn avant la fin de la cuisson, ajoutez la purée de tomates et complétez l'assaisonnement au goût avec sel, poivre et muscade.

La cuisson achevée, passez.

Entre-temps, faites cuire à part la semoule dans le bouillon réservé, réunissez le tout au potage d'oursins passé.

Mettez dans une soupière la crème, les jaunes d'œufs, mélangez, ajoutez le reste du beurre, délayez avec le potage et servez.

Ce potage maigre est très agréable.

Et voici du même une garniture à potage, mais qui à mon avis pourrait faire une agréable entrée avec un coulis de tomates bien relevé, à condition de faire des boulettes plus grosses.

BOULETTES DE CERVELLE

Pour 10 à 12 personnes

Prenez : 300 g de mie de pain rassis, tamisée, 125 g de champignons, 100 g de beurre, 8 g de persil, 5 œufs frais, 1 cervelle de veau, lait, farine, muscade, sel et poivre.

Hachez séparément la cervelle crue et les champignons pelés. Pilez-les dans un mortier avec la mie de pain rassis tamisée imbibée de lait et égouttée ; travaillez le mélange avec le beurre, puis mettez-le sur le feu, dans une casserole, chauffez, liez le tout ensuite avec les œufs que vous incorporerez l'un après l'autre, salez, poivrez, mettez le persil haché et de la muscade au goût.

Retravaillez bien la pâte et amenez-la à bonne consistance. Laissez-la refroidir. Moulez des boulettes de la grosseur de petites noix, passez-les dans de la farine ; faites-les cuire dans du bouillon bouillant et mettez-les dans le potage au moment de servir.

Ces boulettes font bonne figure notamment dans les consommés de volaille.

Urbain Dubois

Urbain Dubois est le type même de ces chefs français de la fin du XIXe qui, ayant commencé leur carrière dans un restaurant français, l'ont continuée chez les grands de ce monde à l'étranger.

Il débuta chez Tortoni sur les boulevards puis fut le chef du prince Orloff en Russie avant de devenir chef des cuisines de Guillaume Ier. Il est l'auteur de nombreux livres et c'est en 1878 qu'il publia La Nouvelle cuisine bourgeoise pour la ville et pour la campagne. *C'est de cet ouvrage qu'est tirée cette jolie recette d'où l'obligatoire pain à tremper peut être supprimé... ou gardé, selon les goûts.*

SOUPE AUX MORILLES

Hachez 400 g de morilles fraîches, bien propres ; exprimez-en l'humidité. Hachez un oignon, mettez-le dans une casserole avec du beurre ; faites-le revenir ; mêlez-lui les morilles ; cuisez jusqu'à ce que l'humidité soit évaporée ; saupoudrez alors une cuillerée de farine, et mouillez avec de l'eau chaude ou du bouillon léger ; ajouter du sel, une pincée de poivre et un bouquet garni d'aromates ; cuisez 25 mn. Enlevez le bouquet et liez avec une liaison de deux jaunes d'œufs avec crème et beurre ; cuisez la liaison sans bouillir. Mettez dans la soupière deux poignées de tranches de pain grillé ; versez la soupe dessus.

Adolphe Dugléré

Le Café Anglais fut sous le Second Empire et du temps d'Offenbach ce que sera Maxim's à la Belle Époque. Delhomme, un Bordelais, en était le patron et Dugléré *son chef de cuisine. Outre sa fameuse sole, dite à la Dugléré, on doit à ce dernier l'invention du potage Germiny devenu un très grand et très délicieux classique.*

Delhomme avait l'habitude de convier de temps en temps quelques privilégiés à des dîners intimes qui se tenaient soit à la cave, soit dans la lingerie du Café Anglais. C'est ainsi que le potage « Germiny », en soupière d'argent, apparut un beau soir de 1869 dans la lingerie pour le plus grand plaisir d'une dizaine d'invités. Laissons la parole à Félix Duquesnel, chroniqueur de l'époque, dont la voix m'est parvenue grâce à Claude Terrail, le seigneur de la très prestigieuse Tour d'Argent, qui est un de mes très chers amis :

« [...] et le maître d'hôtel, louche en main, remplit nos assiettes d'un potage fumant couleur jaune laiteux marbré d'une chiffonnade d'oseille dont la buée odorante charmait les narines, comme un doux présage [...] puis ce fut la pluie des adjectifs : exquis, délicieux, parfait, sublime... »

On voulut voir l'auteur de ce chef-d'œuvre, et Dugléré arriva, il faut bien le dire, assez content de lui. On lui demanda pourquoi « Germiny » : « Je l'ai appelé ainsi du nom de l'ancien gouverneur de la Banque, un de mes plus sérieux clients, un gourmet de haute délicatesse. »

Il fallut bien sûr qu'il en donnât la recette. La voici telle qu'il la dicta à une table très appliquée.

POTAGE GERMINY

Prenez une flûte de pain, découpez des tranches minces que vous faites griller et passer au beurre ; après quoi vous les déposez au fond de votre soupière. Vous prendrez ensuite une large poignée d'oseille que vous passerez au tamis et que vous jetterez sur les croûtons préparés, comme il est dit. Vous prendrez d'autre part un bon consommé dans lequel vous incorporerez six jaunes d'œufs (au moins un par convive), vous tournerez doucement jusqu'à ce que cela prenne en « crème » et quand cela aura un peu épaissi, vous verserez dans votre soupière et servirez chaud.

Édouard Nignon

Édouard Nignon fut le contemporain d'Auguste Escoffier au début de ce siècle. Comme tous les grands cuisiniers de ce temps, il alla de grande maison en grande maison, tel le Café Anglais, pour poursuivre ensuite une brillante carrière à l'étranger où il fut notamment le chef de cuisine du tsar, de l'empereur d'Autriche et du président Wilson pour finir enfin directeur du restaurant Larue. Tout cela ne l'empêcha pas de prendre le temps d'écrire plusieurs livres et d'exécuter des recettes encore tout à fait délicieuses. On peut le considérer à certains égards comme le plus « moderne » des chefs de cette époque. Voici, tiré des Plaisirs de la table, *un très joli*

CONSOMMÉ FROID RUBIS

Préparez 2 l d'un fin consommé de volaille. Ajoutez à la cuisson un kilogramme de belles tomates mûres bien écrasées. Ce consommé une fois cuit doit être d'une belle couleur claire de rubis et de la plus exquise saveur. Passez-le puis laissez-le refroidir. Vous le rafraîchirez parfaitement en l'entourant de glace pilée.

Ce consommé doit être un peu épais comme de l'huile. Vous le servirez en tasses.

À sa suite froid également et tout aussi bon :

CONSOMMÉ FROID CORBLET

C'est un fin consommé de volaille. En clarifiant quatre litres de ce consommé ajoutez un peu de poudre de curry : la valeur d'une cuillerée à dessert. Servir bien froid.

Mignon améliore ce consommé en suggérant si on le souhaite d'ajouter une fine julienne de blanc de volaille.

Auguste Escoffier

Auguste Escoffier (1846-1935) est un monument. C'est à lui que l'on doit Le Guide culinaire *qui codifie, précise, détaille tout ce qui était la grande cuisine de l'époque. Comme il le dit très pertinemment dans l'avant-propos de ce gros ouvrage : « J'ai voulu faire un outil plutôt qu'un livre et tout en laissant à chacun la liberté d'établir sa façon d'opérer [...] J'ai tenu [...] à fixer tout au moins en principe les bases traditionnelles du travail. »*

Et c'est vrai qu'à condition de bien savoir fouiller dans ce livre, ce qui n'est pas toujours évident, on découvre plein d'idées et de suggestions adaptables, en les simplifiant, à notre cuisine légère actuelle.

À titre d'indication, Escoffier ne répertorie pas moins de 248 consommés, potages, crèmes et veloutés ! Et voici la façon dont il nous énonce un grand classique très délicieux.

CONSOMMÉ MADRILÈNE

Consommé de volaille au fumet de céleri, fortement tomaté en le clarifiant et relevé d'un peu de piment rouge d'Espagne.

Se sert chaud ou froid.

S'il est servi chaud on le garnit de tomates crues taillées en dés assez fins et d'un peu de poivron cuit taillé de même. S'il est servi froid il ne comporte aucune garniture.

Vous aurez compris qu'avec Escoffier il faut chercher ailleurs et le fumet de céleri et la clarification. Vous trouverez la solution, page ... et page ...

Quant aux quantités... au bon goût de vos papilles. Vous savez bien qu'il « a voulu faire un outil en laissant à chacun sa liberté »...

AUJOURD'HUI

Ce sont bien sûr les soupes et les potages raffinés de grands chefs, ceux qui me régalent d'un bout à l'autre de la France, que je vais vous proposer. Ils ne sont pas ici au grand complet mais eux et les autres font vraiment la meilleure cuisine du monde... que vous pouvez faire vous aussi.

Vous verrez qu'il ne s'agit que d'une façon de traiter les mets très finement sans surcharge inutile, avec un art très particulier de mélanger et d'associer les saveurs qui fait preuve d'une très grande créativité dans la simplicité.

Ces chefs qui sont tous mes amis, je les ai tout simplement rangés, eux et leur potage, par ordre alphabétique.

Jean Bardet
57, rue Groison
37000 Tours

POTAGE CRÈME DE LAITUE, CURRY DE VOLAILLE AU LAIT DE COCO

C'est un potage légèrement épicé à servir glacé un soir d'été.

Proportions pour 6 personnes

2 grosses laitues, 4 échalotes épluchées, 50 g de beurre, 1 l de bouillon de volaille minute ou 1 l d'eau, 1 aile de volaille préparée par le volailler, 20 cl de lait de coco acheté en boîte, 20 cl de crème épaisse, 1 jaune d'œuf, 1 cuillerée à café de poudre de curry, 2 cuillerées à soupe d'huile de noisette, gros sel, poivre, 1 pincée de noix de muscade en poudre, 1 pincée de sucre en poudre, 6 radis.

Préparation et cuisson : 1 petite heure

Trier et laver les laitues en conservant les feuilles vertes, faire un petit coussin avec les feuilles de laitue, les maintenir dans la main gauche et, à l'aide d'un gros couteau, les couper en lanières. Hacher les échalotes.

Poser sur le feu une cocotte en fonte, y faire fondre le beurre, ajouter les échalotes finement hachées puis les laitues ciselées, remuer à la spatule en bois.

Lorsque la laitue est fondue, verser dans la cocotte le litre de bouillon de volaille minute si vous en possédez, ou bien l'eau froide, le lait de coco, bien mélanger l'ensemble, ajouter l'aile de volaille, saler légèrement au gros sel et laisser cuire à découvert pendant 7 mn. Retirer alors l'aile de volaille de la cocotte, séparer le manchon du blanc et mettre le manchon dans la cocotte, porter la soupe à ébullition et laisser cuire à petits bouillons pendant 15 mn supplémentaires.

Dans une assiette creuse, verser les 2 cuillerées à soupe d'huile de noisette, le curry, la noix de muscade, une prise de sel, de poivre et de sucre, mélanger bien tous ces éléments de marinade.

Couper finement en lanières très fines le blanc de volaille (qui ne doit pas être trop cuit) et laisser mariner au frais jusqu'à l'emploi.

Verser le contenu de la cocotte dans le bol du mixer en ayant pris soin d'enlever le manchon de volaille. Broyer. Remettre la soupe dans la cocotte, mettre sur le feu, ajouter le jaune d'œuf battu avec la crème.

Mélanger à l'aide d'un petit fouet et remuer fréquemment jusqu'à la limite de l'ébullition, rectifier le goût en sel et poivre et débarrasser au froid.

Répartir la soupe dans 6 assiettes creuses, parsemer de lanières de blancs de volaille marinés et décorer avec les radis coupés en rondelles fines.

Petits détails importants : *Si vous désirez un potage plus épicé, il est possible de rajouter une petite pointe de couteau de piment de Cayenne ou bien rajouter de la chair de noix de coco fraîche coupée en lanières avant de servir.*

Jean-Pierre Billoux

Hôtel La Cloche
14, place Darcy
21000 Dijon

CRÈME DE FAISAN AUX MARRONS

Proportions pour 4 personnes

1 poule faisane, 200 g de marrons, 1 l 1/2 de consommé de volaille, 1 bouquet garni, 2 cl d'huile, 35 à 40 g de beurre, 1/2 l de crème fraîche épaisse, sel, poivre.

Préparation et cuisson : 3 heures

Vider et brider la faisane ou demander au volailler de le faire, la colorer sur toutes les faces durant 8 mn dans un sautoir avec l'huile et 20 g de beurre.

Prélever les suprêmes et les envelopper dans du papier d'aluminium.

Préparer les marrons : les inciser légèrement, puis les passer au four 15 mn environ. On doit, après ce passage au four, ôter leurs deux enveloppes assez facilement.

Réunir dans un faitout les marrons, la carcasse, les cuisses, le consommé de volaille et le bouquet garni. Ajouter 2 pincées de gros sel et porter sur le feu jusqu'à ébullition. À ce moment, réduire le feu et laisser mijoter 1 h 30.

En fin de cuisson, récupérer la carcasse et les cuisses. En prélever les chairs restantes qui seront remises dans le bouillon de marrons.

Passer le tout au mixer, puis au chinois au-dessus d'une casserole. Ajouter la crème fraîche et porter à ébullition. Laisser cuire à nouveau 20 mn à feu moyen.

Passer à nouveau au chinois. Réserver au chaud en tamponnant la surface avec une noisette de beurre pour éviter la formation d'une peau.

Parer les suprêmes, retirer la peau, les couper en fines lanières, les répartir dans les assiettes creuses. Bien poivrer.

Fouetter vivement le potage avant de le verser bien chaud dans les assiettes. Servir.

Georges Blanc

01540 Vonnas

SOUPE D'HUÎTRES AUX CÈPES ET MOUSSERONS

Proportions pour 4 personnes

2 douzaines de belles huîtres portugaises ou fines de claires n° 1 ou 0, 250 g de cèpes, mousserons (ou girolles, pieds-de-mouton, ou autres champignons sauvages émincés), 1 verre de court-bouillon, vin blanc aux aromates ou de fumet de poisson très léger, 1 jus de citron, 230 g de crème fraîche, 50 g de beurre, 1 échalote hachée finement, 1 cuillerée à potage de ciboulette ciselée, quelques pluches de cerfeuil.

Préparation et cuisson : 1 heure

Ouvrir les huîtres, les déposer dans une sauteuse avec leur eau en éliminant toutes les impuretés (graviers, brisures de coquilles...). Nettoyer et préparer les champignons.

Faire sauter au beurre les cèpes émincés et les mousserons, ajouter l'échalote hachée. Laisser blondir un instant. Mettre aussitôt un peu de fumet de poisson ou de court-bouillon puis la crème fraîche. Cuire quelques minutes en laissant réduire très légèrement.

Au moment de servir, chauffer les huîtres jusqu'au premier frémissement. Mettre une cuillerée à soupe de cette cuisson d'huîtres dans la soupe de champignons, un trait de jus de citron. Terminer avec un peu de beurre. Vérifier l'assaisonnement en sel et poivre. Ajouter la ciboulette hachée.

Dresser très chaud dans des assiettes creuses individuelles en répartissant les huîtres égouttées. Saupoudrer de pluches de cerfeuil.

Conseil : *Tenir compte, pour l'assaisonnement, de la cuisson des huîtres qui est particulièrement iodée.*

Jacques Chibois
Hôtel Gray d'Albion
06400 Cannes

SOUPE DE CHÂTAIGNES AUX TRUFFES

Proportions pour 4 personnes

25 g d'échalotes, 80 g de champignons de Paris, 25 g de beurre, 150 g de châtaignes, 1/2 l de bouillon de volaille, 12 cl de crème fleurette, 1 cuillerée à soupe de vin de Xérès, quelques gouttes de jus de citron, sel, poivre, 80 g de truffes fraîches.

Préparation : 25 mn environ **Cuisson : 35 à 40 mn en tout**

Plonger les châtaignes 10 mn dans l'eau bouillante, les égoutter, laisser un peu refroidir et retirer les deux peaux*. Hacher finement les échalotes, nettoyer les champignons, les tailler en lamelles.

Dans une casserole mettre le beurre à feu moyen-doux, ajouter les échalotes et les faire ramollir en douceur à couvert pendant 7 à 8 mn. Compléter avec les champignons, les faire également étuver pendant 5 à 6 mn. Ajouter les châtaignes coupées en morceaux et le 1/2 l de bouillon de volaille. Porter à ébullition et, à petits bouillons, à couvert, faire cuire doucement pendant 15 mn.

Verser le tout dans le mixer et broyer suffisamment pour obtenir une fine purée bien homogène.

Mettre à nouveau dans une casserole, ajouter la crème fraîche, le vin de Xérès et quelques gouttes de jus de citron. Porter à ébullition en fouettant.

Couper les truffes en fines rondelles les ajouter au potage à chauffer pendant 3 mn. Vérifier l'assaisonnement en sel et en poivre.

Servir dans une soupière chaude.

Roland Durand
Le Pré-Catelan
Route de Suresnes
75016 Paris

SOUPE DE CHAMPIGNONS GLACÉE À LA TAPENADE

Proportions pour 5 personnes

200 g de champignons, 50 cl de bouillon de champignons**, 50 g de beurre, 12 cl de crème fraîche, 1 cuillerée à soupe de tapenade, poivre de Cayenne, cerfeuil, 2 feuilles de basilic, le jus de 1/2 citron, sel.

Préparation et cuisson : 35 à 40 mn

---

* On trouve dans le commerce d'excellents marrons tout épluchés. Jacques Chibois me conseille de vous les suggérer.

** Voir p. 188.

Nettoyer les champignons et les couper en quartiers.

Les mettre dans une casserole, ajouter le beurre et le jus de citron ; mouiller avec le bouillon (à défaut, on peut se contenter d'eau). Saler légèrement et faire cuire à couvert pendant 5 à 6 mn.

Mixer le tout pour obtenir une purée très lisse et homogène, assez fluide. Fouetter la crème fraîche en Chantilly bien ferme. La mélanger délicatement avec la tapenade.

Mélanger délicatement la purée fluide de champignons et la crème fouettée à la tapenade. Goûter et rectifier l'assaisonnement en relevant avec un peu de Cayenne.

Répartir cette soupe bien froide dans des assiettes creuses ou des tasses à consommé. Parsemer le dessus de pluches de cerfeuil et pour terminer des 2 feuilles de basilic ciselées. Servir en entrée, bien frais.

Remarques : *Choisir comme variétés pour cette recette des champignons de couche, des psalliotes, des petits cèpes, des russules ou des amanites. La tapenade se trouve en petit bocal, en épicerie. On peut remplacer le bouillon de champignons par du bouillon de volaille.*

BOUILLON DE CHAMPIGNONS

Ce bouillon sert de base à diverses préparations (potages, sauces, mouillement d'un ragoût ou d'une daube, etc.). On peut le conserver facilement stérilisé en bocaux ou surgelé. Les brisures, parures et pieds de champignons, à condition qu'ils soient sains, sont l'idéal pour cette préparation car il est dommage de devoir hacher, puis jeter après cuisson, des champignons entiers.

Proportions pour 1 l de bouillon environ

500 g de pieds et de parures de champignons ou de champignons entiers, 30 g de beurre, sel, poivre.

Nettoyer soigneusement les champignons en ne les lavant que si c'est indispensable.

Les hacher, pas trop fin, et les mettre dans une casserole ; ajouter le beurre et mettre sur feu doux. Faire mijoter sans hâte jusqu'à ce qu'ils aient rendu toute leur eau. Mouiller ensuite avec 2 l d'eau, saler et poivrer au goût. Cuire doucement jusqu'à ce que le contenu de la casserole ait réduit de moitié.

Passer dans une passoire conique à fin treillage ou tapissée d'un linge propre, en pressant bien sur les champignons cuits pour récupérer le maximum de jus.

Michel Guérard
Les Prés d'Eugénie
40320 Eugénie-les-Bains

SOUPE CRÉMEUSE DE POULE À L'ORGE PERLÉ AUX RUBANS DE VENTRÈCHE

Ingrédients pour 10 à 12 personnes

2,5 l de bon bouillon de poule (à remplacer éventuellement par 40 g de bouillon de volaille en poudre et 2,5 l d'eau), 12 jaunes d'œufs, 320 g de blanc de volaille, 150 g d'orge perlé, 20 tranches très fines de ventrèche*, 5 cl d'huile de tournesol, 16 cl de crème fleurette, 1 cuillerée à café de fécule de pomme de terre, 1 bouquet de cerfeuil, gros sel, sel et poivre.

Préparation : 5 mn
Cuisson : 2 heures (orge perlé) + 10 à 12 mn (soupe)

Dans une cocotte, verser trois fois le volume d'orge perlé en eau. Ajouter une cuillerée à café de gros sel. Verser les 150 g d'orge perlé et cuire à couvert 2 heures à feu doux. Égoutter l'orge dans une passoire et le réserver.

Assaisonner les 320 g de blanc de volaille des deux côtés et les ajouter au bouillon de poule frémissant. Ne pas trop les faire cuire (environ 7 mn) pour qu'ils restent bien moelleux. Les débarrasser sur une assiette et réserver le bouillon.

* Ventrèche : poitrine de porc séchée et roulée ressemblant un peu à la pancetta italienne. C'est une charcuterie spécifique du Sud-Ouest.

Dans une poêle Tefal, verser les 5 cl d'huile de tournesol, y disposer les 20 tranches de ventrèche et les faire dorer des deux côtés pour qu'elles deviennent croustillantes.

Dans un bol, mélanger ensemble les 12 jaunes d'œufs aux 16 cl de crème fleurette. Au moment de servir, porter le bouillon de volaille à ébullition, y verser le mélange de crème et d'œufs en fouettant vivement l'ensemble pour qu'il devienne onctueux. Ajouter la cuillerée à café de fécule diluée dans un peu d'eau et laisser cuire 2 mn sans arrêter de remuer.

Passer l'ensemble au travers d'un chinois étamine. Ajouter l'orge perlé et les blancs de volaille coupés en petits cubes.

Disposer dans une soupière, décorer de quelques pluches de cerfeuil et servir à part la ventrèche croustillante sur une assiette. Ou bien, après avoir servi la soupe de chaque convive dans une assiette ou un bol individuel chauffé au préalable, déposer délicatement 3 ou 4 rubans de cette ventrèche sur la surface de la soupe servie.

La Tour d'Argent

15-17, quai de la Tournelle

75005 Paris

POTAGE TOUR D'ARGENT

Claude Terrail maintient ce potage sur la carte de sa très prestigieuse Tour d'Argent, il l'a appelé « Potage Tour d'Argent » et ce serait en fait le potage de Frédéric, maître des lieux au début de la IIIe République. Personnage bougon et un rien rigide, ce Frédéric était à la fois un chef créatif et un hôte empressé auprès de ses clients de marque dont il jugeait qu'ils étaient en mesure d'apprécier ce qu'il leur proposait.

Voici la recette rédigée par lui-même de ce potage que Frédéric a servi un soir lointain au grand-duc Vladimir.

Six heures durant pour le moins, ont trempé dans l'eau froide un litre de soissons blancs, autant de crêtes-de-coq* et un demi-litre de lentilles. On a mis ensuite le tout à cuire à l'eau avec une mirepoix**. L'impor-

---

* Crêtes-de-coq : il s'agit de haricots rouges.

** Mirepoix : c'est une essence que l'on prépare avec du veau, du jambon, diverses autres viandes, un fumet de champignons et des épices usuelles.

tant est de cuire longtemps, à feu doux, jusqu'à ce que le tout se laisse facilement réduire en purée. On passe au chinois, très fin, et l'on fait bouillir la purée ainsi recueillie avec une julienne de légumes. Quand la julienne est cuite, on beurre le potage, on assaisonne, « saler et poivrer fermement », disait Frédéric, et on ajoute alors une chiffonnade d'oseille et de cerfeuil. Au moment de servir, on met un morceau de beurre frais et on corrige l'assaisonnement en poivrant au moulin.

Bernard Loiseau
La Côte d'Or
21210 Saulieu

VELOUTÉ DE CHOU-FLEUR CARAMÉLISÉ

Proportions pour 4 personnes

1 chou-fleur, 80 g de beurre, sel, gros sel, poivre du moulin.

Préparation : 15 mn Cuisson : 30 mn environ

Mettre le chou-fleur à cuire dans de l'eau salée pendant 20 mn environ. Égoutter le chou-fleur et récupérer l'eau de cuisson.

Passer le chou-fleur en purée. Faire chauffer le beurre dans une poêle antiadhésive, et y mettre à colorer doucement, en remuant constamment, la purée de chou-fleur.

Quand la purée est devenue d'un marron légèrement soutenu, la mettre dans un bol-mixer et ajouter petit à petit le bouillon de cuisson du chou-fleur jusqu'à la consistance voulue. Laisser ensuite tourner pendant 5 mn dans le bol-mixer le velouté pour lui donner de l'onctuosité.

Verser dans une casserole, faire bouillir et vérifier l'assaisonnement.

Servir ensuite dans une soupière chaude ou en assiettes individuelles.

Jacques Maximin

SOUPE À L'AIL ET BRUNOISE NIÇOISE

Proportions pour 4 personnes

500 g d'ail, 1 courgette, 1 aubergine, 1 poivron rouge, 1 poivron vert, 1 tomate, 1 oignon, 4 œufs, 50 g de beurre (pour les omelettes), 1 dl d'huile d'olive, 1 branche de basilic, 2 l d'eau, sel, poivre.

Préparation et cuisson : 1 h 30

Éplucher l'ail et disposer les gousses dans 2 l d'eau froide. Saler légèrement et mettre à cuire à très petite ébullition pendant 1 heure.

Pendant ce temps, couper en très petits dés tous les légumes. Les poêler séparément à l'huile d'olive sauf la tomate. Les égoutter.

Hacher le basilic finement et l'incorporer aux légumes « fondus ». Ajouter la tomate et mélanger délicatement. Répartir ces légumes dans 4 assiettes creuses tenues au chaud.

Après cuisson de l'ail, arrêter l'ébullition et laisser reposer quelques minutes. Puiser alors l'eau jusqu'à n'en garder que 1 bon litre en laissant les gousses d'ail dans le fond.

Égoutter alors les gousses d'ail qui sont en compote. Garder la soupe au chaud.

Casser les œufs entiers dans un saladier, ajouter les gousses d'ail cuites et battre le tout avec sel et poivre. Ajouter un peu de ciboulette hachée finement et faire à la poêle 4 petites omelettes de façon traditionnelle en les roulant bien sur elles-mêmes. Les laisser refroidir légèrement puis les détailler en rondelles et répartir celles-ci sur les légumes dressés dans les assiettes. Pour la beauté du dressage, disposer par exemple les légumes par bouquets en alternant les couleurs et dresser au milieu en couronne les rondelles d'omelettes à l'ail.

Mettre la soupe brûlante dans une soupière. Effectuer le service en versant la soupe d'ail dans chaque assiette devant les convives.

Didier Oudil
Pain, Adour et Fantaisie
7, place des Tilleuls
40270 Grenade-sur-l'Adour

SOUPE CRÉMEUSE DE CÈPES ET TARTELETTES FEUILLETÉES AU PARMESAN

Proportions pour 4 personnes

Pour la crème de cèpes : 20 g d'échalotes hachées, 10 g d'ail haché, 35 g de blanc de poireaux haché, 10 g de beurre, 70 g de très bon jambon sec coupé en très petits dés, 135 g de vin blanc sec, 600 g de cèpes bien fermes coupés en lamelles, 1 l de bouillon de poule (ou de pot-au-feu), 2 dl de crème fraîche liquide.

Pour les tartelettes : 16 ronds de pâte feuilletée* de 5 cm de diamètre, 10 g d'huile d'olive, 10 g d'ail haché, 50 g d'échalotes hachées, 300 g de cèpes bien fermes taillés en dés de 1 cm, 60 g de porto rouge, 15 g de farine, 50 g de parmesan, 2 dl de crème fraîche.

Préparation et cuisson : 40 mn environ (crème) + 20 mn environ (tartelettes)

Préparation et cuisson de la soupe :

Nettoyer les têtes des cèpes à l'aide d'un petit chiffon fin, les tailler en lamelles. Hacher l'ail, le poireau et les échalotes. Couper le jambon en petits dés.

Faire fondre doucement, sans colorer, dans les 10 g de beurre, l'échalote, l'ail, le blanc de poireaux et le jambon pendant 5 mn. Ajouter les lamelles de cèpes et faire cuire environ 10 mn. Verser le vin blanc sec et faire réduire de moitié. Verser le bouillon de volaille et cuire encore environ 10 mn.

---

* La pâte feuilletée de Didier Oudil est magnifique. Si vous doutez de vous-même ou si vous reculez devant le temps et la difficulté, Didier ne m'en voudra pas de vous conseiller d'utiliser de la pâte surgelée ou de la commander crue chez le pâtissier.

Mixer le tout et passer la soupe dans une étamine fine. Ajouter la crème liquide et bien faire chauffer. Rectifier l'assaisonnement.

Préparation et cuisson des tartelettes :
Étaler la pâte feuilletée, découper des ronds de 5 cm de diamètre. Préparer les petits dés de cèpes. Hacher l'ail et l'échalote.

Faire fondre l'ail, l'échalote dans l'huile d'olive durant 2 mn. Ajouter les petits dés de cèpes et cuire 10 mn très doucement, saler, poivrer. Ajouter la farine, bien remuer et verser le porto. Cuire pendant 2 mn. Ôter du feu et laisser refroidir.

Étaler sur chaque rond de pâte feuilletée une cuillerée à soupe de cèpes au porto. Parsemer avec le parmesan le dessus de chaque tartelette et les enfourner à four chaud jusqu'à complète cuisson.

Servir la soupe accompagnée de ces tartelettes bien dorées.

Bernard Pacaud

L'Ambroisie

9, place des Vosges

75004 Paris

MINESTRONE DE HOMARD

Le crustacé des mers froides qu'est le homard se marie bien avec ce potage du Sud, qu'il faut servir bien chaud, et bien parfumé par le pistou.

Proportions pour 4 personnes

1 homard de 1,2 kg à 1,5 kg, 1 l de jus de crustacés*, 1 fenouil, 1 courgette, 1 poivron rouge, 2 tomates, 100 g de petits pois écossés, 50 g de haricots rouges secs, 50 g de macaronis très courts, 1 bouquet de basilic, 1 bouquet garni (laurier, thym et persil), 2 gousses d'ail, 1 dl d'huile d'olive, 60 g de beurre, sel.

Préparation et cuisson : 1 h 30

La veille, faire tremper les haricots secs en changeant plusieurs fois l'eau.

---

* Voir p. 196.

Le jour même, cuire le homard pendant 12 mn à l'eau bouillante salée dans un grand faitout, puis le sortir du bouillon, le fendre au niveau de la tête et le mettre à égoutter sur une plaque, la tête en bas.

Mettre à cuire les haricots secs. Les démarrer à l'eau froide non salée, porter à ébullition à feu vif, écumer puis baisser le feu, ajouter le bouquet garni et cuire à couvert à petits frémissements pendant 40 mn. Mettre alors le récipient hors du feu et garder ainsi les haricots dans leur bouillon de cuisson.

Éplucher le poivron rouge avec un économe puis le tailler en fins petits dés. Faire de même pour le fenouil et la courgette.

Plonger les tomates dans l'eau bouillante puis les rafraîchir et enlever leur peau. Les couper ensuite en deux, les presser pour extraire les pépins, puis les tailler en petits dés comme les autres légumes.

Faire bouillir l'eau d'un cuit-vapeur et cuire à la vapeur séparément ces légumes (sauf les tomates, que l'on gardera crues), ainsi que les petits pois. Tous les légumes doivent être cuits « al dente » et la cuisson de chacun doit être attentivement surveillée. Les mélanger ensuite et les réserver sur une assiette recouverte d'un papier-film.

Laver, égoutter puis effeuiller le basilic ; éplucher les gousses d'ail et retirer leur germe. Mettre le basilic et l'ail dans un bol à mixer et faire tourner en ajoutant l'huile d'olive, puis le beurre en pommade. On obtient ainsi le pistou.

Décortiquer complètement le homard, découper sa queue en 8 belles tranches, et couper les pinces en deux dans le sens de la hauteur. Réserver sur une assiette.

Cuire les macaronis à l'eau bouillante salée, puis les passer sous l'eau froide.

Porter le jus de crustacés à ébullition pour le faire réduire d'un tiers afin de le corser, puis le monter avec le pistou en fouettant vivement.

Dans la grille du cuit-vapeur, disposer 2 cuillerées à soupe des petits dés de légumes, les petits pois, les macaronis, les haricots secs et réchauffer l'ensemble à la vapeur.

Dans une grande soupière chaude, ranger les morceaux de homard. Placer dessus les légumes chauds, puis les dés de tomates, couvrir de pistou bouillant et décorer de feuilles de basilic.

JUS DE CRUSTACÉS

Proportions pour 4 personnes

1 kg de carcasses de langoustines crues ou de homard, 2 oignons, 1 tête d'ail, 1 branche de thym et de laurier, 2 dl de vin blanc sec, 4 tomates bien mûres, 2 dl d'huile d'olive, queues de persil.

Préparation et cuisson : 30 mn

Concasser grossièrement les carcasses des crustacés. Éplucher les légumes et les émincer.

Verser l'huile d'olive dans un faitout et le mettre à chauffer sur un feu vif. Y jeter les carcasses et les faire revenir vivement pendant 3 mn.

Ajouter les légumes et faire encore dorer l'ensemble 5 mn.

Mouiller avec le vin blanc, puis laisser réduire à glace à feu moyen.

Mouiller à l'eau jusqu'à hauteur, porter à ébullition. Dépouiller*.

Ajouter le thym, le laurier, l'ail, les queues de persil et les tomates. Laisser cuire 20 mn en dépouillant bien.

Passer le jus de crustacés dans un chinois, et le remettre sur feu moyen pour le faire réduire à nouveau, des deux tiers au moins et davantage encore pour lui donner une consistance semblable à la glace de viande.

Ce jus, versé dans des petits pots bien fermés, se conserve plusieurs jours au réfrigérateur et plusieurs mois au congélateur.

---

* Dépouiller en termes de cuisine veut tout simplement dire : enlever régulièrement à l'aide d'une cuillère le gras et les impuretés qui montent à la surface.

Alain Passard

L'Arpège

84, rue de Varenne

75007 Paris

SOUPE AU LAIT À L'OSEILLE ET À LA POMME

Proportions pour 4 personnes

40 g de beurre salé, 3 échalotes, 1 pomme fruit, 1 gros poireau, 1 branche de céleri, 1 l de lait entier, 3 grosses poignées de feuille d'oseille, 3 œufs, sel, curry en poudre, persil haché. *Finition* : 8 petites mouillettes de pain, 40 g de beurre salé, quelques feuilles d'oseille.

Préparation : 30 mn Cuisson : 50 mn environ

Hacher les échalotes, émincer le poireau en fines rondelles, couper le céleri en petits morceaux. Peler la pomme, supprimer le cœur et les pépins, la couper en quartiers.

Dans une sauteuse à feu doux, faire chauffer le beurre, ajouter tous les ingrédients préparés et les faire mijoter et ramollir très en douceur sans coloration pendant 10 à 15 mn. Mouiller avec le lait, porter à petite ébullition et laisser cuire à couvert pendant 35 mn.

Pendant ce temps, supprimer les tiges des feuilles d'oseille, laver soigneusement, réserver deux tiers des feuilles.

Dans un bol battre les œufs entiers en omelette.

Détailler des mouillettes étroites dans de la croûte de baguette, les beurrer légèrement et les frotter avec les feuilles d'oseille réservées froissées dans la main.

En fin de cuisson de la soupe, ajouter l'oseille restante et laisser tomber les œufs en fouettant sans cesse. Compter 3 mn pour assurer la liaison, saler.

Verser la soupe dans des assiettes creuses très chaudes, parsemer de curry et de persil haché, déposer 2 mouillettes par assiette et servir rapidement.

Joël Robuchon
Jamin
32, rue de Longchamp
75116 Paris

COURT-BOUILLON DE FRUITS DE MER AU GINGEMBRE

Proportions pour 4 personnes

80 g de têtes de pleurotes, 6 dl de bouillon de volaille, 4 queues de langoustines, 4 noix de saint-jacques, 4 huîtres spéciales n° 5 (ou belon n° 3), 8 palourdes ou praires, 1/2 blanc de poireau, 4 fines rondelles d'une grosse racine de gingembre, 2 brins de cerfeuil, 80 g de beurre, sel et poivre du moulin.

Préparation et cuisson : 1 heure

Préparer le bouillon de volaille.

Ouvrir tous les coquillages. Nettoyer et parer les noix de saint-jacques. Couper chacune d'elles en 6 tranches, horizontalement. Ébarber les huîtres (enlever le bord noir qui les entoure).

Préparer 4 bols de service (bols à riz chinois ou autres).

Faire fondre (mais pas cuire !) 1 bonne cuillerée à soupe de beurre. À l'aide d'un pinceau, passer chaque lamelle de saint-jacques au beurre fondu, les saler et les poivrer. En tapisser l'intérieur de chaque bol.

Mettre les huîtres dans une petite casserole avec une grosse noisette de beurre et une pincée de sel. Les porter sur feu moyen et les retirer dès qu'elles se raidissent. Les égoutter et en déposer une au fond de chaque bol.

Décortiquer les queues de langoustines, les couper en deux dans le sens de la longueur et les ranger dans les bols, de part et d'autre de l'huître.

Déposer enfin 2 palourdes dans chaque bol.

Poivrer abondamment le tout. Recouvrir chaque bol avec du papier film ou du papier aluminium et les garder en attente au frais.

Amener à ébullition 6 dl de bouillon de volaille.

Nettoyer les têtes de pleurotes, les couper en quatre et les mettre dans une casserole avec 40 g de beurre cru. Porter sur feu vif et laisser cuire 2 mn en remuant. Verser le bouillon de poule bouillant dessus, retirer du feu et garder en attente.

Détailler le gingembre et le blanc de poireau en julienne très, très fine, qui ne dépasse par 1 mm d'épaisseur. Ajouter-la au bouillon.

Préparer quelques pluches de cerfeuil pour la garniture et les emballer dans du papier film.

Sortir les bols du frigo 30 mn au moins à l'avance.

Ramener à ébullition la casserole de bouillon aux pleurotes. Verser le bouillon à la louche dans les bols, en répartissant équitablement les garnitures. Ajouter 5 g de beurre dans chaque bol. Les recouvrir de papier aluminium.

Au dernier moment, glisser les bols couverts dans le four préchauffé au maximum (280°) pendant 5 à 6 mn, jusqu'à ce que le liquide frise l'ébullition.

Découvrir les bols, parsemer quelques pluches de cerfeuil à la surface de chacun. Les servir immédiatement, posés sur des assiettes.

Alain Senderens

Lucas Carton

9, place de la Madeleine

75008 Paris

SOUPE DE CERVELLES DE VEAU TIBÈRE

Proportions pour 4 personnes

2 cervelles de veau, 30 g de beurre, 1/2 concombre, 1/4 de céleri-rave, 3 échalotes, 1/2 oignon, 2 cuillerées à soupe d'huile d'olive, 1 l de bouillon de volaille, 1/2 bouteille de vin muscat, 1 cuillerée à soupe de nuoc-mâm (dans les boutiques de produits chinois), 1/2 cuillerée à soupe de carvi, 1 cuillerée à soupe de cumin en poudre, 1 dl de vinaigre de cidre, 1 dl de madère, 30 g de poireaux, 30 g de peaux de concombre, 30 g de truffes fraîches, 2 cuillerées à soupe de feuilles de menthe ciselée. *Liaison* : 2 jaunes d'œufs, 2 cuillerées à café de graines de moutarde, 1 cuillerée à soupe de moutarde forte, 1 dl de crème fraîche épaisse.

Préparation et cuisson : 1 h 40 environ

À l'aide d'une cuillère parisienne (1 cm de diamètre), détailler le concombre et le céleri-rave en petites boules. Hacher les échalotes et l'oignon. Sous un filet d'eau courante nettoyer les cervelles en retirant toutes les parties sanguinolentes, supprimer la petite peau à l'aide d'un linge fin.

Dans une casserole, mettre l'huile d'olive à chauffer à feu moyen, ajouter l'oignon, l'échalote, les petites boules de céleri-rave et de concombre, les faire suer pendant 6 à 7 mn en les tournant de temps en temps. À feu vif, verser le vin muscat, le madère, la moitié du vinaigre de cidre et déglacer en faisant bouillonner et en raclant le fond de la casserole pour décoller les sucs de cuisson, continuer à petite ébullition pour faire réduire des trois quarts. Mouiller avec le bouillon de volaille, ajouter le nuoc-mâm, le carvi et le cumin et continuer la cuisson à petit feu pendant 30 mn.

À mi-temps retirer les concombres et le céleri à l'aide de l'écumoire, les réserver. Déposer alors les cervelles dans le bouillon et les faire cuire 5 mn. Les sortir, réserver les 4 noix. Passer au tamis les parures restantes de cervelle et les remettre dans le bouillon à cuire 15 mn. Passer ce bouillon au chinois dans une autre casserole. Remettre au chaud sur le feu doux.

Détailler le poireau, les peaux de concombre, les truffes en julienne très très fine comme des aiguilles. Mélanger le tout. Hacher grossièrement des feuilles de menthe pour en avoir la valeur de 2 cuillerées à soupe. Couper chaque noix de cervelle en deux.

Mettre à blondir 40 g de beurre dans une poêle et faire cuire et dorer les cervelles pendant 1 mn environ de chaque côté. Les réserver au chaud.

Dans un bol, mélanger tous les éléments de la liaison. Y ajouter un peu de bouillon chaud, puis verser le tout dans le reste du bouillon très chaud avec le reste du vinaigre de cidre. En tournant faire épaissir à consistance onctueuse en évitant surtout l'ébullition. Vérifier l'assaisonnement en sel et en poivre.

Dans 4 grandes assiettes creuses chaudes, mettre les tranches de cervelle partagées en deux, les couvrir de julienne de légumes. Verser dessus le bouillon bien chaud. Pour finir, parsemer chaque assiette de menthe ciselée et servir.

Pierre et Michel Troisgros
Place de la Gare
42300 Roanne

CRÈME DE MOULES GLACÉE AU CRESSON

Proportions pour 4 personnes

800 g de moules de bouchot, 1 botte de cresson, 2 échalotes, 15 cl de crème fraîche, 30 cl de fumet de poisson (p. 86), 20 cl de vin blanc, sel et poivre.

Préparation : 40 mn environ **Cuisson : quelques minutes**

Laver les moules à grande eau.

Effeuiller le cresson. Réserver une vingtaine de feuilles dans l'eau froide. Blanchir le reste à l'eau bouillante salée. Rafraîchir immédiatement et égoutter.

Hacher l'échalote.

Disposer les moules dans une casserole assez large, ajouter l'échalote et le vin blanc. Cuire à couvert quelques minutes. Lorsque les moules sont ouvertes, les retirer à l'aide d'une écumoire, les décortiquer et réserver 32 pièces.

Filtrer le jus des moules à travers une étamine. Ajouter le fumet de poisson bouillant à la cuisson des moules, puis la crème et le cresson blanchi. Amener à ébullition, mixer et passer le tout au chinois. Assaisonner avec précaution car l'eau contenue dans les moules est déjà salée.

Réserver au frais.

Pour servir, déposer 8 moules décortiquées au fond de 4 tasses froides puis répartir la crème de moules à l'intérieur et décorer de 5 feuilles de cresson.

Remarque : *Les moules de bouchot, très savoureuses, se prêtent particulièrement bien à cette recette. Il en restera qui pourront être utilisées en salade ou en garniture d'un poisson chaud.*

TABLEAU D'ÉQUIVALENCE DES POIDS ET MESURES

Beurre	1 noisette : 4 g			
	1 noix : 15 g			
	1 grosse noix : 25 g			
	1 œuf : 40 g			
	1 gros œuf : 70 g			
Crème fraîche	3 cuillères à soupe : 1 pot de 10 cl			
Contenance	1 verre ordinaire à moutarde : 12 cl			
	7 cuillères à soupe : 1 verre ordinaire			
	1 tasse à thé : 125 g			
	CUILLÈRE A CAFÉ		CUILLÈRE À SOUPE	
	rase	débordante	rase	débordante
Farine	3 g	6 g	10 g	20 g
Fécule	3 g	6 g	10 g	20 g
Sucre semoule	4 g	8 g	12 g	22 g
Sel	3 g	6 g		

1 morceau de sucre n° 4 : 5 g.

Table

Les veloutés

III
LES SOUPES RÉGIONALES

Les soupes de poissons et de coquillages

Les potées

Soupes diverses

La composition de ce livre
a été effectuée par Charente Photogravure, à L'Isle-d'Espagnac,
l'impression et le brochage ont été réalisés
par l'imprimerie Pollina à Luçon
pour les Éditions Albin Michel

Achevé d'imprimer en janvier 1994
N° d'édition : 13450 — N° d'impression : 64573
Dépôt légal : janvier 1994